Wolfgang Knape

MAGDEBURG

Ein Führer durch die 1200jährige Domstadt

Schmidt BUCH

LEMON

Inhalt

Geschichte

Mädchen, Mönche, Kaisertum

Seinen frühen Ruhm und sein Aufblühen verdankt Magdeburg nicht zuletzt der Liebe zu einer Frau. Das läßt sich nun wahrlich nicht von vielen Städten behaupten! Und sobald man um diese Hintergründe weiß, sieht man die Stadt mit anderen Augen, und die Geschichte mit der Liebe will einen fortan nicht mehr aus dem Kopf.

Als der älteste Sohn des Königs Heinrich I. und der Königin Mathilde im Jahre 930 in der Stiftskirche zu Quedlinburg mit der englischen Prinzessin Edgith (Editha) verheiratet wurde, war er gerade mal siebzehn Jahre alt. Und obschon diese Verbindung vom Vater eingefädelt worden war und einem übergeordneten „Interesse" zu dienen hatte, war Otto tatsächlich verliebt. Am Hochzeitsmorgen schenkte er seiner zwei Jahre jüngeren Braut den Königshof Magdeburg! Und als die Fünfzehnjährige die „Morgengabe" in Augenschein nahm, war sie von der anmutigen Lage des Ortes, von den Inseln in der Elbe und dem großartigen Ausblick vom Hochufer so angetan, daß sie „magadoburg" sofort ins Herz schloß und England, die Eltern, die Themse darüber fast vergaß.

Zu jener Zeit war das an der Ostgrenze des Reiches gelegene Magdeburg bereits ein wichtiger Marktflecken. Bedeutende Fernhandelsstraßen führten hier entlang. Land- und Wasserwege kreuzten sich; durch die Elbe führte eine Furt. Ottos Vater hatte den Ort nach seiner Wahl zum deutschen König weiter ausbauen und den Königshof, in dessen Schutz auch hiesige Fischer und Bauern lebten, verstärken lassen. Magdeburgs Eintritt in die Geschichte beginnt demnach schon lange vor der Hochzeit und vor Heinrichs Kriegszügen gegen die Slawen.

Der erste schriftliche Hinweis auf Magdeburg findet sich im Diedenhofer Kapitular von Karl dem Großen. Darin ist „magadoburg" bereits als bedeutender Ost-West-Handelsplatz ausgewiesen (Waffengeschäfte ausgenommen!). Zu diesem Zeitpunkt gehörte das bis an Elbe und Saale reichende und von sächsischen Stämmen besiedelte Gebiet bereits zum fränkischen Reich, und die Ersterwähnung in dem 805 in Lothringen verfaßten Kapitular gilt als „Geburtsurkunde" der Stadt. Deshalb feierten die Magdeburger das 1200jährige Jubiläum ihrer Ersterwähnung fast zwölf Monate lang und mit gebührendem Stolz!

Zu Beginn des 10. Jahrhunderts war aus „Magadoburg" bereits „Magadeburg" geworden. 975 setzte ein Schriftkundiger kühn ein „Magdeburc" auf sein Blatt. Später wurde daraus „Maidburg" und „Meydeburc", was einen sofort an Jungfrauen und Mägde denken läßt, an Mädchen und Maiden, die allesamt in einer Burg wohnten und zuweilen sehnsüchtig über die Zinnen blickten. Magdeburg – eine Stadt der Mägde also? Eine angenehme Vorstellung und irgendwie schön. Andere Forscher bezogen medebor", die altslawische Bezeichnung für Honigwald und -heide ein; wieder andere vermuteten hinter dem Namen eine „geschützte Stätte heidnischer weiblicher Wesen". Wenn man freilich die uralte Wurzel „mag-" (groß) hernimmt, könnte sich Magdeburg auch schlicht und einfach als eine „mächtige, große Burg" entpuppen. Und in der konnten natürlich Honig naschende Jungfrauen zu Hause gewesen sein, heidnische Elfen und eben diese Edgith aus England, Ottos Frau.

Ihre ersten Ehejahre verbrachten Otto und Editha in Magdeburg, wo ihre Kinder, Liudolf und Liutgard geboren wurden. 936 starb Heinrich I. in Memleben und Otto wurde zu seinem Nachfolger gewählt.

Ein Zentrum, einen „Regierungssitz" nach heutigem Verständnis, gab es in jener Früh-

Einzug Ottos des Großen in Magdeburg (Historiengemälde)

zeit des Deutschen Reiches noch nicht. Und so zog der neue König mit seinem Troß ebenso von Pfalz zu Pfalz. Otto war ein Reisekönig par excellence. Dennoch blieb Magdeburg sowohl für ihn als auch für Editha der Mittelpunkt. Keine andere Stadt, heißt es, habe Otto so häufig besucht wie diese. Keine andere habe er so reich beschenkt. Und an keinem anderen Ort habe er so viele Urkunden unterzeichnet wie hier.

Bereits 937 – nur ein Jahr nach seiner Wahl zum deutschen König – lud Otto I. zu einer glanzvollen Reichsversammlung in seine Pfalz über der Elbe ein. Bei dieser Gelegenheit stiftete er im Beisein der Erzbischöfe von Mainz und Bremen sowie anderer hoher geistlicher Würdenträger ein dem heiligen Mauritius und seinen Gefährten geweihtes Kloster, das er vorsorglich als Grablege für sich und seine Familie bestimmte.

Mit diesem Gründungsakt hatte der Fünfundzwanzigjährige die Weichen für seine Politik gestellt. Zum einen machte er deutlich, daß es sein erklärter Wille sei, die Interessen des Reiches und die der Kirche miteinander zu verknüpfen. Zum anderen setzte er mit der Moritz-Verehrung ein unmißverständliches Zeichen gen Osten. Die Christianisierung der Slawen war Ottos Ziel. Damit setzte er fort, was sein Vater begonnen hatte. Die Grenzpfalz Magdeburg erwies sich als strategisch günstiger Ausgangspunkt und die legendäre Mauritiuslanze, der Wunderkraft zugesprochen wurde und die schon Heinrich I. in allen Kämpfen begleitet hatte, war ihm Verpflichtung und Garant.

Freilich hatte diese Waffe nichts mit dem verehrten Heiligen zu tun. Der aus Nordafrika stammende Mauritius hatte im römischen Heer gedient und sich als Befehlshaber der aus Mauren und Mohren zusammengesetzten Thebischen Legion das Ansehen seiner Vorgesetzten erworben. Wie die meisten seiner Gefährten war Mauritius jedoch Christ. Und weil er sich weigerte, helvetische Glaubensbrüder, die dem Kaiser in Rom nicht huldigen wollten, töten zu lassen, bezahlten er und viele Angehörige seiner Legion die Befehlsverweigerung am 22. September 285 mit dem Leben.

Die besagte Lanze befand sich ursprünglich im Besitz von Kaiser Konstantin dem Großen und sollte den Sieg des Christentums symbolisieren. Karl der Große erhielt sie von Papst Hadrian II.; später gelangte sie in den Besitz des Burgunderkönigs Rudolf. Sie wurde im Kloster Saint Maurice aufbewahrt, wo auch die Gebeine des Heiligen Mauritius und seiner Gefährten ruhten. Der Name der Lanze leitet sich somit von ihrem Aufbewahrungsort her.

Als sich Rudolf von Burgund Heinrich I. unterwarf, überreichte er ihm als Zeichen seiner uneingeschränkten Herrschaft die Mauritiuslanze. Otto I. hatte den „Moritz-Kult" somit schon in seiner Kindheit kennengelernt und führte ihn nun als König, später auch als Kaiser, weiter. Die Lanze, in deren Spitze der Überlieferung nach Nägel aus dem Kreuz Christi eingearbeitet worden waren, nahm unter den Reichsinsignien den ersten Platz ein und rangierte damit noch vor Reichskrone, Zepter und Schwert.

Magdeburg war die Lieblingspfalz von Otto und Editha. Während seiner Regierungszeit setzte der König alles daran, diesen Platz auch zu einem ansehnlichen Wirtschafts- und Bildungszentrum zu entwickeln, wozu er die frommen Männer des Klosters brauchte. Bis zum Jahre 968, der Gründung des Erzbistums, bedachte Otto I. das Magdeburger Mauritiuskloster mit weit über fünfzig Schenkungen, darunter Ländereien und Dörfer in der fruchtbaren Bördelandschaft und im gesamten Reich.

Daß sich Magdeburg allmählich zur Stadt mauserte, hatte wohl auch etwas mit Ottos Liebe zu seiner Frau zu tun, die hier auf seine Rückkehr wartete und der er nichts abschlagen konnte. Zu vermuten ist, daß Editha bei vielen Vorhaben sogar die treibende Kraft war. Auf einem Wandgemälde im Kaiser-Otto-Saal des Kulturhistorischen Museums sieht man den König auf dem Bauplatz an der neuen Stadtmauer. Editha steht hinter ihm, und während Otto den vom Bauleiter ausgebreiteten Plan studiert, späht sie dem König über die Schulter und betrachtet dabei das Blatt. Die Botschaft des Künstlers ist eindeutig: Was immer auch auf dem „Bauplatz Magdeburg" geschieht, dieser Königin entgeht nichts!

Am 26. Januar 946 starb Editha in Magdeburg und wurde in der Krypta der Klosterkirche beigesetzt. Ottos Sieg über die Ungarn auf dem Lechfeld hatte sie also nicht mehr erlebt. Durch diesen Triumph über die heidnischen Hunnen war aus Otto I. Otto der Große geworden und damit der ungekrönte Kaiser des christlichen Abendlandes. Den Titel eines Königs von (Nord-)Italien hatte er ohnehin schon. 951 war Otto, einem Hilferuf folgend, von Magdeburg nach Italien aufgebrochen, um Adelheid von Burgund, der jungen Witwe des vergifteten Langobardenkönigs, gegen ihre Widersacher beizustehen. Otto überquerte die Alpen, er stellte die alte Ordnung wieder her und nahm die gebildete junge Witwe zur Frau. Trotz neuer Verpflichtungen, trotz längerer Abwesenheit und südlichen Klimas – Magdeburg hatte Otto darüber nicht vergessen! Auch nach dem Tod von Editha blieb es sein Lieblingsort.

955 löste Otto ein am Vorabend der Schlacht auf dem Lechfeld gegebenes Versprechen ein und legte den Grundstein für eine neue Kirche. Über dem Grab von Editha sollte eine an Größe und Schönheit alles übertreffende Basilika errichtet werden, ein ottonischer Dom, der einmal das Zentrum eines noch zu gründenden Erzbistums sein würde. Gegen dieses Bistum liefen der Erzbischof von Mainz und Bischof Burckhardt von Halberstadt Sturm. Otto aber blieb hartnäckig, und das Bauwerk wuchs stetig empor.

Am 2. Februar 962 krönte der Papst Otto I. zum Kaiser und Adelheid zur Kaiserin. Das war die Geburtsstunde des Heiligen Römischen Reiches Deutscher Nation. Bis zur Gründung des Erzbistums Magdeburg sollten allerdings noch sechs Jahre vergehen. Unterdessen stattete Otto seine Basilika mit Schätzen aus, die er auf Tierrücken, auf Schlitten und Wagen über die Alpen schaffen ließ: antike und byzantinische Säulen, Gold und Edelsteine, Marmor, Kapitelle, Mosaiken und Porphyr ... Durch Otto den Großen wurde Magdeburg zum „dritten Rom".

Für die Benediktinermönche des Klosters war nun kein Platz mehr. Otto schenkte ihnen mit dem ganz in der Nähe gelegenen zweiten Königshof am heutigen Klosterbergegarten ein neues Domizil. Dort entstand ein dem Apostel Johannes geweihtes neues Kloster.

Auf der Synode zu Ravenna wurde Magdeburg im Jahre 968 doch noch zum Erzbistum erhoben. Zu seinem Verantwortungsbereich gehörten fortan die Bistümer Merseburg und Zeitz, Meißen, Havelberg und Brandenburg. Zum Weihnachtsfest mit Adalbert I. von Trier wurde der erste Magdeburger Erzbischof in sein Amt eingeführt.

Fünf Jahre später weilte der Kaiser mit seiner Gemahlin und dem ältesten Sohn noch einmal in Magdeburg und an Edithas Grab. Es war sein letzter Besuch. Das Osterfest verbrachte er wieder in Quedlinburg. Zu Himmelfahrt war er in Merseburg. Am 6. Mai traf er in der Pfalz Memleben ein. Dort starb er am 7. Mai 973. „Sein mit Spezereien behandelter Leib (wurde) nach Magdeburg überführt. Sein Sohn Otto II. und die Fürsten des Reiches gaben ihm das Ehrengeleit. Im Dom von Magdeburg wurde er durch die Erzbischöfe Gero von Köln und Adalbert von Magdeburg an der Seite seiner ersten Frau Editha bestattet", berichtete der Chronist Thietmar von Merseburg.

Auch Otto II., auch die späteren deutschen Könige und Kaiser weilten noch gelegentlich in Magdeburg. Philipp von Schwaben feierte hier im Jahre 1199 mit seinem Hofstaat das Weihnachtsfest, was Walter von der Vogelweide in einem bewegenden Gedicht besang.

Magdeburg war zu dieser Zeit bereits eine Bischofsstadt. Der Neue Markt, auf dem am Todestag von Mauritius die „Herrenmesse" veranstaltet, mit erzbischöflicher Genehmigung ordentlich gehandelt und der Heilige gebührend gefeiert wurde, lag vor dem Dom. Den Mittelpunkt der Bürgerstadt hingegen bildete der Alte Markt. Schon relativ zeitig bildete sich auch eine Neustadt heraus, die, von einem eigenen Mauerring umgeben, neben der „Alten Stadt Magdeburg" lag.

Unter den Erzbischöfen, die besonders zum Aufblühen der Stadt beigetragen hatten, befindet sich Wichmann von Seeburg. Er hatte das „Ius Magdeburgense", das „Magdeburger Stadtrecht", das Bürgermeister und Rat an die Spitze stellte und zur Richtschnur für das städtische Leben, für Handwerk und Handel wurde, niederschreiben lassen. Dieses Recht wurde zur Grundlage für viele Städtegründungen, insbesondere im Osten.

Wie der vielgerühmte, fertige Dom Ottos des Großen ausgesehen hatte, ist nicht überliefert. 1207 brach am Freitag vor Ostern ein Brand aus, dem ein Großteil der Stadt zum Opfer fiel. Auch die Domburg wurde in Mitleidenschaft gezogen. Zweifellos hätte der Dom danach wieder hergestellt werden können, doch Erzbischof Albrecht II. entschied anders. Er hatte in Frankreich studiert und Notre Dame gesehen. Der neue Stil der Franzosen begeisterte ihn. Albrecht ließ den ottonischen Dom abreißen, baute neu und erstmals in Deutschland im Stile der Gotik! 1363 wurde der Dom geweiht. 1520 fand der Turmbau seinen Abschluß. Damit gehörte der Magdeburger Dom zu den wenigen Großkirchen, die nicht nur im Mittelalter begonnen, sondern auch vollendet wurden.

Als die Westtürme eingeweiht wurden, war

die Reformation bereits in vollem Gange. Schuld daran trug nicht zuletzt der Magdeburger Erzbischof Albrecht von Brandenburg, der es vorgezogen hatte, nach Halle zu entweichen. Albrecht hatte sich den Kardinalshut beschaffen lassen, was nicht billig war, und lebte auf großem Fuß. Die Fugger saßen ihm im Nacken. Deshalb hatte er Tetzel nach Magdeburg entsandt, um Ablaßgelder für sich eintreiben zu lassen. Doch da machten die Magdeburger nicht mit. Die Stimmung wurde kirchenfeindlich, und Luther reagierte mit seinem Thesenanschlag. Als der Schmalkaldische Bund zum Schutz der Reformation gegründet wurde, traten ihm die Magdeburger als erste bei. „Unseres Herrgotts Kanzlei" nannte man die Stadt bald respektvoll, und so manches protestantische Werk wurde hier verfaßt, als das andernorts schon nicht mehr möglich war.

Fall und Aufstieg

Um die protestantische Sache ging es auch ein Jahrhundert später. Das reiche Magdeburg weckte bei Freund und Feind Begehrlichkeiten. Während des 30jährigen Krieges lagen die Wallensteiner monatelang vergeblich vor den starken Mauern. Tilly erreichte da zwei Jahre später mehr. Er fand einen Verräter, und am 10. Mai 1631 ergoß sich das Heer seiner Söldner in die brennende Stadt. Mordend und brandschatzend zogen die Soldaten durch die Straßen. Leichen stauten die Elbe. Von den 30 000 Bewohnern hatte am Ende nur ein Drittel überlebt. Viertausend von ihnen hatten sich im Dom verschanzt. Als Tilly erschien, um auch ihnen den Garaus zu machen und das Gotteshaus niederzubrennen, trat ihm der Domprediger Bake mutig entgegen, kniete nieder und rettete durch diese Geste das Leben der Viertausend.

Der 10. Mai 1631 ging als schwärzester Tag in die Geschichte der Stadt ein und lähmte ihr Leben noch auf lange Zeit. Gottlob

Otto von Guericke am Neuen Rathaus

gab es auch in Magdeburg Lichtgestalten! Otto von Guericke zählt unbedingt dazu. Als Bürgermeister und Erster Bauherr diente er seiner Heimatstadt in schwerer Zeit und leitete ihren Wiederaufbau. Als Diplomat vertrat er die Interessen Magdeburgs auf den Reichstagen und bei den Verhandlungen von Münster und Osnabrück; als Wissenschaftler und Erfinder war er weit über die Grenzen des Reiches hinaus bekannt.

Als Otto von Guericke 1686 starb, waren die Wunden des Krieges und der Pest noch nicht verheilt und Magdeburg eine brandenburgische Stadt. Der große Kurfürst holte Glaubensflüchtlinge ins Land, um die Verluste auszugleichen. Diese Pfälzer und Franzosen wurden vom Landesherrn mit Privilegien ausgestattet, was die Einheimischen oft verärgerte. Vierhundert Familien kamen nach Magdeburg. Sie brachten die Seidenraupenzucht mit, führten die Tabakindustrie sowie den mechanischen Strumpfwebstuhl ein und verbreiteten die bis dahin hier unbekannte Manufaktur. Es wurde wieder produziert, gehandelt und getanzt, und allmählich gewöhnte man sich sogar aneinander.

Unterdessen erfand Fürst Leopold von Dessau den Gleichschritt und ließ zwischen 1715 und 1740 in seiner Eigenschaft als Gouverneur Magdeburg zur stärksten preußischen Festung ausbauen. In ihr wurden 1730 Friedrich Wilhelm von Steuben und 1821 Hermann Jacques Gruson geboren. Der eine, Sohn eines Festungsbauingenieurs, brachte es bis zum Generalstabsoffizier in der preußischen Armee, ging dann nach Nordamerika und kümmerte sich um die Ausbildung von George Washingtons Armee. Der andere wurde in eine Magdeburger Einwandererfamilie geboren, sammelte Erfahrungen im Maschinenbau, gründete eine kleine Gießerei und eine Schiffsbauwerkstatt und erfand den Hartguß, der im Maschinenbau und bei der Eisenbahn zur Anwendung kam. Auch das Militär zeigte erhebliches Interesse und schließlich entstanden auch Panzertürme für Befestigungsanlagen. 1893 übernahm Friedrich Krupp das florierende Unternehmen von Gruson, das nun Krupp-Gruson hieß und der wichtigste Arbeitgeber in der Stadt blieb.

Zu den dynamischen Jungunternehmern, die allesamt in den ersten Jahrzehnten des 19. Jahrhunderts geboren wurden und die aus kleinen Werkstätten große, namhafte Unternehmen entwickelten, gehörte auch Rudolf Ernst Wolf mit seiner Dampfkessel- und Lokomobilfabrik, in der später der Dichter Erich Weinert lernte. Bernhard Schäfer erfand das Plattenfeder-Manometer. Und von da an flogen Dampfkessel und Lokomobile immer seltener in die Luft. Die Bauern der Börde wurden von Magdeburg aus mit Geräten, später mit neu entwickelten, die Arbeit revolutionierenden Maschinen versorgt.

Entscheidungsfreudig und weitsichtig gaben sich Bürgermeister wie August Wilhelm Francke, in dessen Händen die Geschicke der Stadt von 1817 bis 1848 lagen, und Carl Gustav Friedrich Hasselbach, der von 1851 bis 1881 das Amt innehatte. 1837 wurde die Hamburg-Magdeburgische Schiffahrts-Companie“ gegründet, und in der Maschinenfabrik „Alte Bude“ in Buckau ging der erste Elbdampfer vom Stapel. 1840 kam die Eisenbahn nach Magdeburg. Die Schienen führten allerdings noch an der Festungsmauer vorbei, und der Bahnhof lag an der Elbe. Dem preußischen Militärfiskus trotzten die Bürgermeister immer weitere Flächen ab, bis der Festungscharakter ganz

Dampfhammer (Baujahr 1891) aus den Krupp-Gruson-Werken

aufgegeben wurde und die große Stadterweiterung beginnen konnte.

Durch Eingemeindungen und neue Wohnviertel war Magdeburg längst eine Großstadt geworden. Die Wahl des Sozialdemokraten Hermann Beims zum Bürgermeister nach dem Ersten Weltkrieg erwies sich wiederum als Glücksfall. Das „Neue Bauen“ hielt in Magdeburg Einzug. Beims holte den Architekten und „Farbapostel“ Bruno Taut ins Boot. Graue Stadthäuser farbig anzustreichen war eine Idee, die sich dann von Magdeburg aus verbreitete. Ein Generalsiedlungsplan wurde aufgestellt und die Forderung, an den Bedürfnissen der Bewohner (vor allem der Arbeiter) orientiert zu bauen, in vielfältiger Weise umgesetzt. Architektonisch interessante Siedlungen entstanden und verwandelten Magdeburg an einigen Stellen in eine Gartenstadt. Hermann Beims starb 1931. Sein Nachfolger hieß Ernst Reuter. Ihm blieb nicht viel Zeit zum Profilieren; 1933 wurde er aus dem Amt gejagt.

Während des Zweiten Weltkrieges wurde Magdeburg wegen seiner kriegswichtigen Betriebe immer wieder das Ziel von Luftangriffen. Das schwerste Bombardement ereignete sich am 16. Januar 1945. Die Altstadt wurde beinahe dem Erdboden gleichgemacht. Am Ende des Krieges war die Stadt zu fast zwei Dritteln zerstört. Von den einst 330 000 Einwohnern waren 90 000 übriggeblieben. Am 18. April erreichten amerikanische Truppen die Stadt und besetzten den westlichen Teil von Magdeburg. Die sowjetischen Soldaten wuschen ihre Uniformhosen am gegenüberliegenden Ufer. Am 1. Juli verließen die Amerikaner die Stadt. Von da an gehörte auch Magdeburg zur sowjetisch besetzten Zone. Kurzzeitig war es Hauptstadt des Landes Sachsen-Anhalt und wurde 1952 Bezirksstadt.

Der Wiederaufbau der Stadt begann und schon bald machte sie sich erneut als Zentrum des Schwermaschinenbaus einen Namen. In den fünfziger Jahren wurden unter anderem die Technische Hochschule „Otto von Guericke“, eine Medizinische Akademie und eine Pädagogische Hochschule gegründet. Durch die nahegelegene Magdeburger Börde entwickelte sich eine vielseitige Nahrungs- und Genußmittelindustrie. Für die chemische Industrie stand Fahlberg-List. Das bedeutendste Unternehmen blieb jedoch der VEB Schwermaschinenbau-Kombinat „Ernst Thälmann (SKET), in dessen 18 Teilbetrieben etwa 30 000 Menschen beschäftigt waren und wo – wie schon vor dem Krieg bei Krupp-Gruson – der Enkel den Spind des Großvaters übernehmen konnte.

Von der Osterkerze zum Elbauenpark

Im Herbst 1989 wurde der Dom für viele Magdeburger zur wichtigsten Anlaufstelle. Seit den frühen achtziger Jahren fanden hier die wöchentlichen Friedensgebete statt, an denen zunehmend Ausreisewillige teilnahmen. Nun kamen Menschen, die das Bedürfnis hatten, angesichts der katastrophalen Verhältnisse im Lande Wege zur Veränderung zu diskutieren. Man traf sich zunächst zum „Gebet für gesellschaftliche Erneuerung“ an der Osterkerze, mußte dann aber ins Mittelschiff umziehen.

An dem kritischen 9. Oktober versammelten sich im Magdeburger Dom (wie beim Überfall Tillys!) viertausend Menschen, während draußen zwischen zehn- und zwanzigtausend Sicherheitsleute, Bereitschaftspolizisten und Kampfgruppen ihre Posten bezogen. Mannschaftswagen und Wasserwerfer standen bereit, und niemand wußte, was geschehen und ob geschossen würde. Zwei Wochen später, als die Straßen andernorts schon den Demonstranten gehörten, herrschte in Magdeburg noch die gleiche Situation. Nach Gebet und Diskussion gab es eine Schweigeminute, und dann öffneten sich die Domtüren, die Menschen traten heraus und gingen, mit Kerzen in den Händen, an den Uniformierten vorbei und

Aussicht vom 2006 wiedereröffneten Turm im Stadtpark Rotehorn

zeigten den aufrechten Gang. Von diesem Tag an war auch in Magdeburg nichts mehr wie es einmal gewesen war ...

1990 fanden die ersten freien Wahlen statt, und am 3. Oktober feierte man auch in Magdeburg die wiedererlangte Einheit. Am 28. Oktober trat der erstmals gewählte Landtag von Sachsen-Anhalt zusammen und bestimmte Magdeburg zur Hauptstadt.

Eine rasante Entwicklung setzte nun ein. Baugruben und Krane beherrschten an vielen Stellen das Bild der Stadt. Investoren-Architektur schoß in die Höhe. Dem Verfall preisgegebene historische Bauten feierten ihre Wiedergeburt.

Im März 1993 schlossen sich die Technische Universität, die Pädagogische Hochschule und die Medizinische Akademie zusammen und gründeten die „Otto-von-Guericke-Universität Magdeburg", eine der jüngsten Universitäten Deutschlands. Sie umfaßt neun Fakultäten, darunter Medizin und Mathematik, Geistes-, Sozial- und Erziehungswissenschaften, Maschinenbau sowie Elektro- und Informationstechnik. Außerdem gibt es noch die Fachhochschule Magdeburg-Stendal.

Weil die junge Otto-von-Guericke-Universität eine ältere Tradition besitzt, ist es üblich, daß der frisch ernannte Doktorand in altem Habit, den hohen Doktorhut auf dem Kopf, auf einem Bierfaß oder auf einem Schweißbrenner von einer lustigen Kolonne zum Otto-von-Guericke-Denkmal begleitet wird, um dem Namenspatron seine Aufwartung zu machen und sich ordentlich feiern und weihen zu lassen.

Eine der pfiffigsten Ideen in dieser Nachwendezeit hatte der damalige Oberbürgermeister Dr. Willi Polte. Nachdem er den Rheinauenpark in Bonn gesehen hatte, wollte er die 25. Bundesgartenschau nach Magdeburg holen und dafür ein von der Roten Armee inzwischen verlassenes Militärgelände sanieren! Auf einem rund 100 Hektar großen Areal sollten eine blühende Parklandschaft und mittendrin mancherlei faszinierende Einzelprojekte entstehen, so der Jahrtausendturm oder die rekultivierte Hausmülldeponie mit „Tiefbrunnen" für Biogas. Die Vision wurde Wirklichkeit und die BUGA Magdeburg 1999 ein voller Erfolg! Nach ihrer Schließung mußten noch einige Veränderungen vorgenommen werden. Im April 2000 feierte man dann die Neueröffnung als „Elbauenpark Magdeburg".

In anderen Bereichen gab es freilich weniger zu feiern. Die vormalige Hochburg des Schwermaschinenbaus war nur noch eine Legende. Den VEB Schwermaschinenbau-Kombinat „Ernst Thälmann", einst wichtigster Arbeitgeber der Region, gab es in dieser Form nicht mehr. Inzwischen war es zu Ausgründungen und zur Bildung von Auffanggesellschaften gekommen. Kleinere Einheiten waren entstanden, kleinere Brötchen galt es zu backen. Wenigstens wurde der traditionsreiche Name SKET weitergeführt, und das martialische Denkmal Ernst Thälmanns, der seiner erhobenen Faust wegen im Volksmund nur „Meister Proper" hieß, zog mit um und steht derzeit vor dem Gebäude des Sequestors.

Magdeburg, das den größten Binnenhafen im Osten Deutschlands besitzt und von seiner Lage am zweitgrößten deutschen Strom doch erheblich profitiert, ist inzwischen ein beliebter Kongreß- und Tourismusort. Von hier führt die am 7. Mai 1993 eingeweihte „Straße der Romanik" zu 72 ausgewählten Objekten in 60 Orten Sachsen-Anhalts.

Als man im Jahre 2001 im Vorfeld der Ausstellung „Otto der Große – Magdeburg und Europa" auf dem Domplatz eine Sandsteinadaption einweihen und ein Toilettenhäuschen aufstellen wollte, machte man einen erstaunlichen Fund: Beim Ausheben des Versorgungsgrabens stießen die Arbeiter auf ein Repräsentativ-Grab aus dem 10. Jahrhundert, das sich auf einen Kirchenbau aus ottonischer Zeit bezog, von dem man bislang nichts wußte und der nun auf eine der größten romanischen Kirchen nördlich der Alpen schließen läßt.

Nur wenige Schritte vom Domplatz entfernt, steht man schon vor der nächsten Attraktion, der von Friedensreich Hundertwasser entworfenen und im Jubiläumsjahr 2005 eingeweihten „Grünen Zitadelle", die zugleich das letzte Bauwerk des 2001 verstorbenen Architekten und Künstlers ist.

Auch vor den Toren Magdeburgs stößt man immer wieder auf Überraschendes: Dazu zählen unbedingt das 1938 errichtete Schiffshebewerk Rothensee, die Sparschleuse sowie das als Verkehrsprojekt Deutsche Einheit Nr. 17 ausgewiesene Wasserstraßenkreuz Magdeburg. Dieses „Kreuz" verbindet über eine 918 Meter lange Brücke den Mittelland- mit dem Elbe-Havel-Kanal und ermöglicht damit die direkte Fahrt von Hannover nach Berlin. Das Wasserstraßenkreuz wurde im Oktober 2003 eingeweiht, und um einen Besuch dieser Kanalbrücke kommt niemand herum!

Die Landeshauptstadt von Sachsen-Anhalt, die sich auch als Zentrum der Telemann-Pflege und der Telemann-Forschung einen Namen gemacht hat, hält viele Entdeckungen bereit – besonders auch in Sachen Kunst, Theater und Musik. Daß das Kulturhistorische Museum mit der Ausstellung „Heiliges Römisches Reich Deutscher Nation 962 bis 1806" nun schon zum zweiten Mal privilegiert ist, eine Mittelalterausstellung des Europarates auszurichten, spricht für dieses Museum und für die Stadt, in der sich der Reichsgründer Otto der Große so wohl gefühlt haben muß, daß er nur hier begraben sein wollte.

Rechts: Der „Magdeburger Reiter", vergoldete Bronzekopie (1966) auf einer Säule am Alten Markt

Dom St. Mauritius und St. Katharina

Dieser Dom hat es in sich! Und sobald man die Klinke mit dem blankgegriffenen Bronze-Vogel niedergedrückt, den Fuß über die Schwelle gesetzt hat und die schwere Tür sich hinter einem schließt, ist man eingetaucht in eine phantastische mittelalterliche Welt, aus der es so schnell kein Entrinnen gibt!

Daß diese Kathedrale, die das erste im gotischen Stil errichtete Bauwerk auf deutschem Boden ist, überhaupt gebaut werden konnte, verdanken wir dem Ehrgeiz eines Erzbischofs und der Intensität einer Feuersbrunst. Der Bischof hieß Albrecht II. von Käfernburg, hatte in Paris studiert und war im Jahre 1205 nach Magdeburg gekommen. Die verheerende Feuersbrunst ereignete sich an „dem stillen fridage to middage alls men dat cruz erede", am Freitag vor Ostern also, und zwei Jahre nach Albrechts Einführung ins Amt. Das Feuer griff vom Breiten Weg her auf angrenzende Straßenzüge über. „Und die Flammen flogen auf den Dom und verbrannten das Münster, die Türme, den Remter und besonders die Klausur", berichtet die Magdeburger Schöppenchronik. Auch einige Gebäude der erzbischöflichen Residenz wurden vom Feuer heimgesucht, „und alle Glocken fielen herab außer einer kleinen".

Der Erzbischof war jung und voller Tatendrang, und einen Wiederaufbau des ottonischen Domes zog er erst gar nicht ins Kalkül. Albrecht wollte neu und gotisch bauen, wie er das in Frankreich gesehen hatte, obwohl das Zeitalter der Romanik noch längst nicht vorbei war.

So wurden denn die Mauern des alten Domes niedergerissen. Schon zum Osterfest 1209 legte Albrecht II. im Beisein päpstlicher Gesandter, Bischöfe und weltlicher Fürsten den Grundstein für einen gotischen Dom, in dem die Gräber von Otto I. und Editha ihren zentralen Platz behalten sollten. Dieser große Sakralbau wurde 1363 geweiht. Die Arbeiten an der Westfassade fanden 1520 mit der Vollendung der Türme ihren Abschluß.

Von beiden Schutzpatronen, den Märtyrern Katharina und Mauritius, wurden im Dom kostbare Reliquien aufbewahrt: ein Finger, heißt es, von Katharina und die Gebeine von Mauritius sowie die Hirnschale und das Kopfreliquiar.

Mauritius war schon der Schutzheilige des von Otto I. gestifteten Moritzklosters und dessen Kirche gewesen. Über deren Krypta und der Grablege seiner Frau hatte der König 955 jenen prachtvollen Dom errichten lassen, der Magdeburg neben Konstantinopel und Rom stellte und der mit Gründung des Erzbistums Bischofskirche wurde. In den Neubau ließ Albrecht II. auch Kostbarkeiten aus dem alten Dom integrieren. Darunter die großartigen antiken Säulen im Hohen Chor und das Taufbecken aus Rosenporphyr. Dieses Gefäß, vermutlich Teil eines Brunnens in Ravenna, hatte Otto der Große über die Alpen und nach Magdeburg schaffen lassen. Davor stand es bereits im ägyptischen Assuan. In der Osternacht werden über diesem viertausend Jahre alten Becken Jahr für Jahr Kinder und Erwachsene getauft.

Der Dom St. Mauritius und St. Katharina ist 120 Meter lang. Er hat eine Breite von 37 Metern, und seine Pfeiler streben 32 Meter (!) empor. Lange Zeit war er das größte sakrale Bauwerk Deutschlands. Inzwischen rangiert er an zweiter Stelle, gleich hinter Köln.

Die kreuzförmige dreischiffige Basilika besitzt einen polygonalen Hohen Chor, den ein zweigeschossiger Umgang mit Chorkapellen umschließt. Ein 1451 vollendeter Lettner

Links: Der beeindruckende Hohe Chor mit Sarkophag Ottos des Großen

Im Mittelpunkt des Hohen Chores steht der Sarkophag Ottos des Großen. Eine antike Platte aus Cippolino-Marmor bedeckt die schlichte Kalksteinkiste. Das lateinische Distichon lautet: „Tres luctus causae sunt hoc sub marmore clausae:/ Rex, decus ecclesiae, sumus honor patriae." (Drei Gründe der Trauer sind unter diesem Marmor eingeschlossen: Der König, der Stolz der Kirche, die höchste Ehre des Vaterlands.) Der aus einer antiken Säule geschaffene Osterleuchter stammt noch aus dem alten Dom. Die symbolreiche Sandsteinbasis wurde in neuerer Zeit hinzugefügt.

Um 1250 entstand die bemalte Statue des Schutzheiligen Mauritius, die ihn als Feldherrn zeigt. Magdeburg besitzt mit dieser Plastik die älteste Darstellung eines Schwarzafrikaners nördlich der Alpen. Während der heilige Mauritius schon von Anbeginn Patron von Kloster und Kirche war, trat die heilige Katharina erst mit dem Neubau in Erscheinung. Katharina von Alexandria war, zum Ärger des römischen Kaisers, Christin geworden. Als sie mit fünfzig Weisen disputierte, verblüffte sie diese so sehr mit ihrem Wissen, daß jeder von ihnen den neuen Glauben annahm. Der Kaiser ließ sie alle hinrichten. Katharina wurde aufs Rad gebunden. Ein Blitz zerstörte das Foltergerät, und sie wurde enthauptet. In der Ikonographie wird sie mit Palmenzweig, Schwert und zerbrochem Rad dargestellt. Ganz ohne diese Attribute steht sie, dem heiligen Mauritius gegenüber, im Chor: weise, lächelnd und wunderschön.

Der Hochaltar existierte in seiner heutigen Form schon zur Domweihe. Die Platte

Statue des Schutzheiligen Mauritius (um 1250)

übernimmt die Trennung zum Mittelschiff, denn der Chor war den Domherren vorbehalten. Das Gestühl stammt aus dem 14. Jahrhundert. Hervorragende Schnitzereien erzählen „oben" vom Leben Jesu, während es auf den Gesäßstützen unter den Klappsitzen fast satirisch zugeht. Da trägt auch schon mal ein Mönch ein lachendes Nönnlein huckepack und unter den Augen des Teufels ins Haus!

ist aus böhmischem Marmor, und auch der Altarunterbau besteht aus einem einzigen Block. Antike byzantinische Säulen aus dem ersten Dom, auf denen große Heiligenfiguren stehen, schmücken diesen Teil des Chores in ganz besonderem Maße.

Im Chorumgang ist der Übergang von der Romanik zur Gotik noch deutlich zu spüren. Die Kapitelle und Wände sind mit einer Vielzahl von Kleinplastiken und Verzierungen geschmückt. Die Darstellungen von Menschen und Tieren, von Pflanzen und Fabelwesen widerspiegeln das hohe Niveau der Magdeburger Dombauhütte, aber auch das lustvolle Herangehen der Steinmetzen und Künstler.

Den Chorumgang säumen fünf Kapellen. Vor der Scheitelkapelle befindet sich eine Sandsteintumba für die Königin Editha. Erzbischof Ernst von Sachsen hatte 1510 das Aufstellen des Kenotaphs veranlaßt. Die Tumba ist mit Wappen und Bildszenen geschmückt, darunter das Reichs- und das englische Königswappen. Editha erscheint als lebensgroße Liegefigur. Die Statuen stellen verschiedene Heilige dar, unter ihnen Adelheid, Kunigunde, Hedwig, Elisabeth und Mauritus.

Erzbischof Friedrich von Wettin

Besondere Aufmerksamkeit verdienen die Grabplatten für den Erzbischof Friedrich von Wettin (gest. 1152) und seinen Nachfolger Wichmann von Seeburg (gest. 1192), den Begründer des „Magdeburger Rechts". Diese Bronzeplatten stammen noch aus dem ottonischen Dom. Auf dem Mantel des Wettiners ist der erste Dom zu sehen. Mit der Spitze seines Bischofsstabes piekst der Erzbischof einem vor ihm hokkenden Dämönchen ins Genick. Die Magdeburger waren Meister des Bronzegusses. Der berühmte Wolfram im Erfurter Dom ist eine sehr frühe Magdeburger Arbeit. Auch die Tür an der Sophienkirche in Nowgorod wurde hier gegossen.

Als Erzbischof Burchard III. mit den Magdeburgern in Streit lag, herrschte am Domplatz Sicherheitsstufe 1. Von seinem Palais aus ließ er eine Brücke bauen, die direkt in den oberen Chorumgang führte. So gelangte er ungeschoren in den Dom. Die Brücke ist längst verschwunden, aber die Bezeichnung „Bischofsgang" für den oberen Chorumgang hält diese Begebenheit fest.

Eigens für die Seitennische des Querschiffs schuf Ernst Barlach das „Magdeburger Ehrenmal". 1929 aufgestellt, wurde es – als „entartet" beurteilt – 1934 wieder entfernt. In den fünfziger Jahren kehrte das Gefallenendenkmal unversehrt an seinen Platz zurück. Am Lichterkreuz des Barlach-Ehrenmals begannen 1983 die Magdeburger Friedensgebete.

Die Marienfigur zur Rechten wurde aus einer antiken Marmorsäule für den Dom geschaffen. Auf der anderen Seite des Umgangs nimmt die gleiche Stelle eine hochgotische Sandstein-Maria ein, die als „Schwarze Madonna" verehrt wurde.

Unmittelbar neben Barlachs Ehrenmal befindet sich der Zugang zur Vorhalle mit dem Jungfrauenportal. Fünf Kluge und fünf Törichte schmücken den Eingang. Und während sich die einen in Verzweiflung und Jammern ergehen, sind die anderen von hinreißendem Frohsinn, verschmitzt, gescheit und wunderschön. Die meisterlich gearbeiteten Plastiken entstanden um 1250. Zwei andere Figuren stellen Synagoge und Ecclesia dar. Die eine als Verkörperung des alten Gottesvolkes, die andere als Sinnbild der Christenheit. Im 17. Jahrhundert erhielt der Vorbau für seine seitlichen Zugänge zwei bemalte

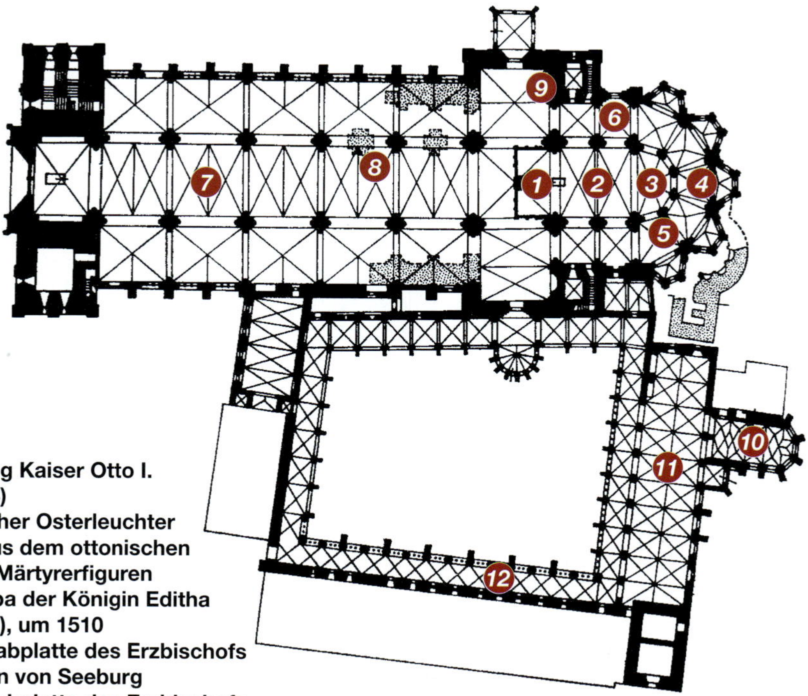

1 Sarkophag Kaiser Otto I. (gest. 973)
2 romanischer Osterleuchter
3 Säulen aus dem ottonischen Dom mit Märtyrerfiguren
4 Grabtumba der Königin Editha (gest. 946), um 1510
5 Bronzegrabplatte des Erzbischofs Wichmann von Seeburg
6 Bronzegrabplatte des Erzbischofs Friedrich von Wettin
7 Taufstein, vermutlich aus dem ottonischen Dom
8 Heilig-Grab-Kapelle und Herrscherpaar
9 Ehrenmal von Ernst Barlach
10 Marienkapelle (1449) mit romanischen Marmorbildplatten
11 Remter
12 romanisch erhaltener Südflügel des Kreuzganges

Sogenannter Remtergang und Marienkapelle

Holztüren mit der Darstellung von Adam und Eva: Von der Erschaffung bis zum Apfelbiß und der Vertreibung aus dem Paradies. So kam die Vorhalle zu ihrem Zweitnamen. Will man die „Paradieshalle" wieder verlassen und öffnet von dieser Seite die Tür, dann hat man einen gestreckten nackten Jüngling in der Hand. Der hält drei Mädchen den Goldenen Apfel entgegen. Eine antike Mißwahl, wenn man so will, während die christliche in der Höhe längst entschieden ist.

Die 16eckige Heilig-Grab-Kapelle im Mittelschiff stand schon 1250 im Dom. Das Herrscherpaar wurde erst später hineingesetzt. An Deutungsversuchen, wer denn die beiden seien, fehlt es nicht. Die Tellerscheibe mit den 19 Kugeln scheint auf den göttlichen Weltherrscher zu verweisen (sieben Planeten, zwölf Tierkreiszeichen), und damit wären die beiden das „himmlische Brautpaar", das allerdings gewöhnlich ohne Schuhe geht.

Sympathischer ist da schon die Variante mit Editha und Otto, denn schließlich sind beide ja auch Stifter und in dieser Kirche in mehrfacher Weise präsent. 19 Jahre, so berichtet ein Chronist, hätten die zwei glücklich miteinander gelebt. Neunzehn Ochsenkarren, beladen mit Gold, habe aber auch Otto für den ersten Dom gespendet. Das Sitzbild-Paar hat jedenfalls etwas Rührendes, und ein bißchen sehen die beiden aus, als amüsierten sie sich über den, der da gerade in ihre Rotunde blickt.

Durch ein gut fünfhundert Jahre altes kunstvolles Gitter muß man blicken, wenn

Die „Klugen" am Jungfrauenportal in der Paradieshalle

man die Bronzetumba des Erzbischofs Ernst von Sachsen in Augenschein nehmen will. An Selbstbewußsein hatte es dem Geistlichen Herrn offensichtlich nicht gemangelt, als er Peter Vischer d. Ä. beauftragte, für die Vorhalle zwischen den Türmen der Westfassade ein an Größe und Prunk alles Vergleichbare übertreffendes Grabmal zu schaffen!

Daneben liegt der Eingang zum Nordturm. 427 Stufen steigt man von hier ins „höchste Magdeburger Mittelalter" hinauf! Ein steinernes Brustbild an der Südwand verweist auf den Domprediger Reinhard Bake, der durch seinen Mut und durch eine dem Feldherrn Tilly schmeichelnde lateinische Rede 4 000 Magdeburgern das Leben rettete.

Vom südlichen Querschiff betritt man den Kreuzgang und fühlt sich, obschon die pulsierende Stadt doch so nahe ist, in eine Ruhe ausstrahlende, mittelalterliche Welt versetzt, in der Vögel zwitschern und alles zu jubilieren scheint. Der älteste Teil, der um 1170 erbaute Südflügel, überstand Feuer und Abriß. Der Ostflügel stammt aus dem 13. Jahrhundert. Im sehenswerten Remter, dem zweischiffigen Refektorium, haben die Fußkapitelle der Säulen eiserne „Schutzschuhe". Was Wunder: Sie stammen noch aus dem ersten Dom.

Ein Kleinod ist die nach 1350 errichtete Marienkapelle, die nach einem Brand 1449 erneuert wurde. Vom Kreuzgang führen dreizehn Stufen zur Krypta hinab. 1926 wurden hier die Grüfte von Otto und Editha ergraben. Diesen Kreuzgang kann man nicht nur einmal abschreiten. Man muß hier viele Male auf und ab gehen und wird dabei immer wieder Neues entdecken, vielleicht auch den Text, den die Witwe M. „dem geliebtesten Ehe=Gatten" auf den Stein hat schreiben lassen ...

Herrscherpaar in der Heilig-Grab-Kapelle

Domplatz

Der Platz vor dem Dom ist weitläufig und wird an zwei Seiten von barocken Gebäuden begrenzt. Hier haben das Justizministerium von Sachsen-Anhalt und der Landtag ihren Sitz. Und es dürfte wohl weltweit kein zweites Parlament geben, das seine Entscheidungen an einem so geschichtsträchtigen Ort zu treffen vermag und wo die Justizministerin beim Verlassen ihres Hauses durch ein Sichtfenster im Boden in eine mittelalterliche Grabanlage blickt!

Seit nunmehr weit über 1200 Jahren ist der Domplatz so etwas wie ein geistig-kulturelles Zentrum und ein historischer Mittelpunkt. Hier fand man Siedlungsreste aus fränkischer Zeit, hier ließ Otto I. ein Kloster und eine Basilika errichten, und hier stand eine der größten und prächtigsten Pfalzanlagen des Mittelalters, die dann vermutlich dem Stadtbrand von 1207 zum Opfer fiel und für den Baumeister des gotischen Domes der ideale „Steinbruch“ war.

Nachdem man zwischen 1959 und 1968 im Auftrag der Akademie der Wissenschaften zu Berlin auf dem Domplatz umfangreiche **Grabungen** durchgeführt hatte, glaubte man auch, die Pfalz von Otto dem Großen gefunden zu haben. Eine Sandsteinadaption der unterirdischen Mauerreste bezeichnet seit 2001 die Fundstelle. Es ist lohnend, sich in diese Anlage (vor dem Ministerium) zu begeben, um über den Sinn der unterschiedlichen Pflasterung nachzudenken und um seine Kenntnisse über die Lebensstationen Ottos des Großen anhand der auf Steinbänken angebrachten Bronzetafeln noch einmal zu überprüfen.

Neuerliche Grabungen haben allerdings zu überraschenden Ergebnissen geführt. Dort, wo die Pfalz vermutet worden war, hat man mehrere repräsentative Gräber geborgen. Und so muß man davon ausgehen, daß es auf dem Domplatz eine zweite, von ihren Ausmaßen her ungewöhnlich große frühe Kirchenanlage gab und man nun von neuem nach dem Standort der Pfalz suchen kann.

Der Domplatz war seit dem Mittelalter der wichtigste Fernhandelsplatz der Elbestadt. Zur Oster-, vor allem aber zur Herbstmesse, herrschte auf dem „Neuen Markt“ am Dom ein geschäftiges Treiben, und die sogenannte „Herrenmesse“, die mit den Feierlichkeiten zu Ehren des am 22. September 285 hingerichteten Mauritius verbunden wurde, ließ Kaufleute und Handwerker aus allen Richtungen der Windrose nach Magdeburg ziehen.

Von den erhalten gebliebenen historischen Gebäuden am Domplatz können nahezu alle auf eine interessante und lange Geschichte zurückblicken. Unmittelbar neben dem Domchor liegt die ehemalige **Neue Möllenvogtei** (Nr. 1a) von 1744/45. Die zweigeschossige **Alte Möllenvogtei** schließt sich rückwärtig an (Nr. 1b). Das Untergeschoß entstand bereits vor 1600, und wer in das Tonnengewölbe des tiefsten Kellers mußte, war Arrestant.

Das erzbischöfliche Palais (Nr. 2/3) verwaiste, als die Hausherren in die Moritzburg nach Halle umzogen. Der brandenburgische Kurfürst Friedrich III. sah das schön gelegene, jedoch marode Gebäude und ließ sich von seinem Hofstukkateur Giovanni Simonetti ein **Stadtschloß** entwerfen. Der Grundstein wurde am 22. März 1700 gelegt. In das Palais zog später der Oberpräsident der Provinz Sachsen ein.

Bis in die Gegenwart hinein blieb es ein Ort, von dem aus regiert und verwaltet wurde. Die St.-Gangolf-Kapelle im Hof diente den Erzbischöfen ursprünglich als Hauskapelle. Simonetti bezog sie mit in den Neubau ein. Im Volk wurde aber, wenn von St. Gangolf die Rede war, nur von der „Kaldaunen-

Das beeindruckende Landtagsgebäude am Domplatz

kapelle“ gesprochen, weil nach gängigem Brauch die verstorbenen hohen Geistlichen darin ihr Herz beisetzen ließen, die Innereien wohl gleich mit.

Das Gebäude **Domplatz 4** errichtete Christian Kolbe 1731 für den Geheimen Rat Knaut. Es wird vor allem seiner reizvollen Portalarchitektur wegen bewundert. Im Vorgängerbau waren Wirtschaftsgebäude des Erzbischofs untergebracht, und in der Küche wirkte auch zur Fastenzeit der Koch.

Vor einem dreigeschossigen Renaissancegebäude entstand die **ehemalige Domdechanai** (Nr. 5) 1728/29 im Stil eines römischen Palastes. Nach dem Abzug der Franzosen residierten hier die kommandierenden Generäle des IV. preußischen Armeekorps. 1893 richtete die Stadt in dem Gebäude ihr erstes Museum ein, das im „Baedeker“ sofort mit zwei Sternen bedacht wurde. Von dem „Palazzo“ blieben 1945 nur noch die Umfassungsmauern übrig. Der Aufbau begann 1985.

Das **Landtagsgebäude** – als solches seit den neunziger Jahren des vorigen Jahrhunderts genutzt – vereint unter seinem Dach mehrere denkmalgerecht restaurierte Gebäude. Haus Nummer 7 hatte Gerhard Cornelius von Walrave 1724/25 für den Weinhändler Winneberg gebaut. Walrave war Festungsbauingenieur in preußischen Diensten und wirkte am Festungswerk Magdeburg entscheidend mit. Er schuf auch das Nachbarhaus sowie das Haus Nummer 9. Letzteres für sich, und wohl auch deshalb mit sehr schönem Portal und Balkon.

Walrave, der 1724 geadelt worden war, lebte auf ziemlich großem Fuße und hatte sich wohl ein wenig übernommen. Um seiner Schulden Herr zu werden, verkaufte er Festungspläne an die Österreicher. Er wurde überführt und bekam lebenslang. Nach 25 Jahren im Kerker starb er. Daß er seine Strafe in der von ihm entworfenen „Sternschanze“ absitzen durfte, war in all den Jahren für ihn vermutlich kein richtiger Trost. Und jeden Tag müssen die Abgeordneten an der Tafel für Walrave vorbei ...

Westfassade der Klosterkirche

Kloster Unser Lieben Frauen

Wer hier eintritt, muß lachen: Man drückt einem Mann den Hut auf den Kopf und findet Einlaß. Der Hut und der Kopf sind aus Bronze und gehören zu einer von Heinrich Apel geschaffenen Tür. Ein Frauenkopf tritt aus dem anderen Flügel heraus, und der, das spürt man sofort, wäre auch gern mal gedrückt.

Durch die Tür betritt man das Kunstmuseum Kloster Unser Lieben Frauen, einen für jeden Magdeburger geheiligten Ort: Das Kloster ist schließlich das älteste noch existierende Bauwerk, und seine Geschichte zu einem Gutteil auch die Geschichte der Stadt!

Apel-Kunst am Klostereingang

Als Erzbischof Gero ohne Blessuren aus einem verlorenen Feldzug gegen die Slawen zurückgekehrt war, wollte er sich dankbar zeigen und stiftete ein der Jungfrau Maria geweihtes Kloster. Das war am 15. Dezember 1015, und damit fing alles an.

Einer von Geros Nachfolgern, Erzbischof Werner von Köln, setzte das Begonnene fort. Ab 1070 wurde die Kirche erweitert und die romanische Klosteranlage ausgebaut. Als Werner acht Jahre später in den Krieg zog und im Kampf fiel, war der Bau der Kirche schon so weit gediehen, daß er in der Krypta unter dem Chor ordentlich bestattet werden konnte.

1126 kam mit Norbert von Xanten ein neuer Erzbischof nach Magdeburg. Mit ihm wurde alles anders. Norbert hatte in Prémontré einen Orden wider die Ketzerei gegründet. Auch an seinem neuen Wirkungsort wollte er seine Prämonstratensern um sich haben, was ihm erst 1129 gelang. Norbert wies ihnen das Kloster Unser Lieben Frauen zu. Töchterklöster entstanden, und Magdeburg war von nun an das neue Zentrum des Ordens, dessen Einfluß beständig wuchs. Später wurde das Kloster protestantisch. 1626, mitten im 30jährigen Krieg, tauchte unvermutet der Abt des Prager Strahov-Klosters in Magdeburg auf und forderte die Herausgabe der Gebeine des inzwischen heiliggesprochenen Norbert von Xanten. Seither ruht der Ordensgründer nicht mehr in der Krypta an der Elbe, sondern in einem Kloster zu Prag.

Gegen Ende des Jahrhunderts entdeckte das Kloster neue Aufgaben für sich. Eine Schule wurde gegründet und das Stiftsgebäude zu einem Internat umgebaut. Das Pädagogium zum Kloster Unser Lieben Frauen entwickelte sich zu einer namhaften Bildungsanstalt, die auch der 1796 in Magdeburg geborene Verfasser zeitkritischer Romane Carl Leberecht Immermann und – ein Jahrhundert später – der Dramatiker Georg Kaiser besucht haben. Der renitente Kaiser tat dies freilich mit weniger Freude, und in seinen ersten Stücken nahm er die Schule auch tüchtig aufs Korn. 1928 wurden Kloster- und Domgymnasium zusammengelegt.

Nach dem Zweiten Weltkrieg folgte eine lange Zeit des Wiederaufbaus. 1977 wurde die Liebfrauenkirche als Konzerthalle „Jo-

Säulenarchitektur des Kreuzganges

hann Philipp Telemann" eingeweiht. Die Gewölbe des Winterrefektoriums, der Kreuzgang, die Kapelle, die neue Galerie und die Tonsur dienen seither als Ausstellungsräume, hauptsächlich für zeitgenössische und moderne Kunst.

Zum Bestand des Kunstmuseums Kloster Unser Lieben Frauen gehört neben spätmittelalterlichen Gedenksteinen und Skulpturen auch die 22 000 Bände umfassende, 1632 neu aufgebaute Bibliothek. Das Museum gewann vor allem wegen seiner beachtlichen Sammlung von Plastiken (inzwischen weit über zweitausend), von Zeichnungen sowie grafischen Blättern zur Bildhauerkunst des vergangenen Jahrhunderts eine herausragende Bedeutung. Seit 1976 existiert hier die „Nationale Sammlung Kleinplastik der DDR". Die unterschiedlichen Formate und die Menge der Objekte machten es erforderlich, auch den öffentlichen Raum zu nutzen und manche Stücke aus dem Bestand um das Kloster herum aufzustellen.

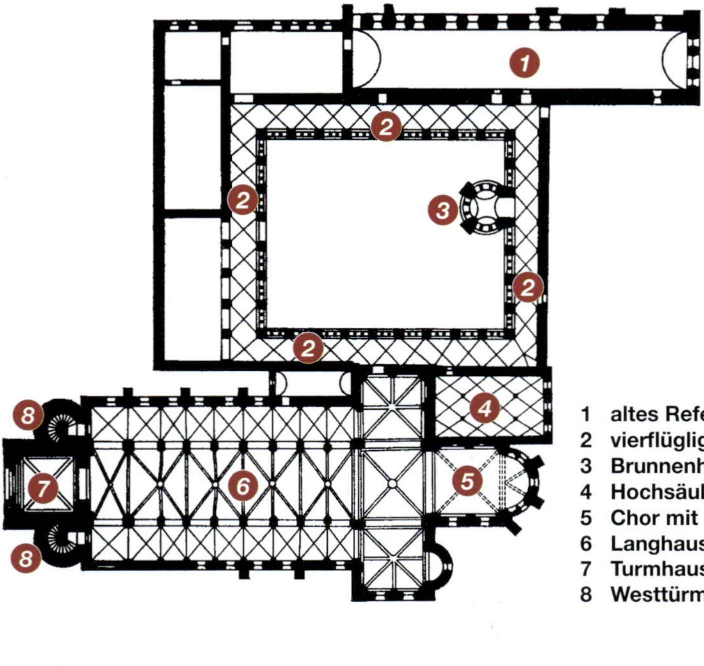

1 altes Refektorium
2 vierflügliger Kreuzgang
3 Brunnenhaus
4 Hochsäulige Kapelle
5 Chor mit Krypta
6 Langhaus
7 Turmhaus mit Emporengeschoß
8 Westtürme

Im Nordflügel befindet sich das ehemalige Winterrefektorium. Und wo sich einst die Mönche versammelten, präsentiert man heute Kunst. Eine Besonderheit sind die drei übereinanderliegenden mittelalterlichen Tonnengewölbe samt ihrer mächtigen Mauern. Den größten Eindruck wird aber der Kreuzgang des Klosters hinterlassen. Kenner halten diese Anlage für eine der schönsten überhaupt im deutschen Raum und das in romanischer Zeit entstandene Kloster, trotz Kriegseinwirkung und einiger Veränderungen, für eine der identischsten Anlagen.

Als „Juwel der romanischen Stilepoche“ (Hans-Joachim Krenzke) erscheint selbst dem Laien das vom Sommerrefektorium her gut sichtbare Brunnenhäuschen, die Tonsur. Hier wurden kultische Handlungen wie das Haarschneiden vorgenommen, und selbst am Nachmittag und bei sinkender Sonne mangelt es in dieser Tonsur nicht an Licht.

Um 1220 wurde die kreuzförmig errichtete romanische Pfeilerbasilika gotisch eingewölbt. Dennoch wird das Erscheinungsbild von den prächtigen Arkadenbögen des Langhauses geprägt. Im Querschiff erinnert eine stattliche Marmorplatte mit schöner Inschrift an den 1134 verstorbenen Erzbischof Norbert von Xanten. Fünf Stufen führen zur Krypta hinab. Ein kniebreiter Schlitz in der Mauer gibt im Gang den Blick in die ehemalige Grablege für den heiligen Nor-

Südöstliche Ansicht des Klosters Unser Lieben Frauen

bert frei, doch die ist ja nun leer. Auf der gegenüberliegenden Seite befindet sich die dreischiffige Krypta aus der Zeit des Erzbischofs Werner. Die Säulen sind mit Würfelkapitellen geschmückt und stehen auf attischen Basen. Als Material kamen Vorharzer Sandstein, Rübeländer Marmor und Granit zum Einsatz.

Vom Kreuzgang her, nur ein paar Schritte entfernt vom seitlichen Eingang zur Kirche, gelangt man zur sogenannten „Hochsäuligen Kapelle". Ihre Bronzetür schuf der Bildhauer Wieland Förster und trägt den Titel „Freuden und Leiden". Den Eintretenden nimmt die nach 1188 errichtete dreischiffige Kapelle sofort gefangen. Ihr Kreuzgratgewölbe wird von sechs Stützen getragen. Davon sind zwei rund, zwei acht-, zwei viereckig; und die quadratischen hat der mittelalterliche Steinmetz noch zusätzlich mit vier Ecksäulchen geschmückt. Die nur knapp vierzehn Meter lange und sieben Meter breite Kapelle liegt zwischen Chor und Kreuzgang und schließt sich unmittelbar an das nördliche Querschiff der Kirche an. Ihre ursprüngliche Bedeutung ist unbekannt. Zuletzt diente sie den Geistlichen wohl als Sakristei.

Die Hochsäulige Kapelle

Heute sind in ihr vor allem mittelalterliche Skulpturen ausgestellt. Diese stammen zumeist aus Magdeburgs verschwundenen Kirchen. Das Beweinungsrelief aus dem 15. Jahrhundert wurde in Sandsteinritztechnik ausgeführt, ebenso die „Hildebrandstele", die allerdings schon 1340 entstand. Hinter der Wand hört man die Orgel. Durch drei hohe rundbogige Fenster fällt Licht.

Wie die Silhouette des Domes, so ist auch das Kloster Unser Lieben Frauen ein Wahrzeichen der Stadt. Einmal gesehen, behält man den Anblick der Westfassade mit ihren den fensterreichen Mittelturm flankierenden, hohen, romanischen Spitztürmen im Kopf.

Romanisches Brunnenhaus am Kreuzgang des Klosters

Alter Markt

Magdeburger Reiter

Magdeburgs Alter Markt wirkt wie ein Magnet auf Einheimische und Fremde. Das hat natürlich zuallererst mit diesem stolzen Reiter zu tun! Unter seinem Schwanz verabredet und küßt man sich; und wer das erste Mal in die Elbestadt kommt, der nennt für seine Reise oft nur einen einzigen Grund: Er will IHN sehen, den er noch von seiner Schulzeit her kennt und der seit dem frühen Mittelalter auf steinerner Säule vor dem Rathaus steht.

Mit diesem um 1240 geschaffenen Denkmal kann Magdeburg für sich den Ruhm in Anspruch nehmen, das älteste freistehende und vollplastische Reiterstandbild nördlich der Alpen zu besitzen. Es handelt sich dabei um ein Rechts- und Hoheitssymbol: Der Kaiser, flankiert von zwei langzöpfigen Schönheiten, die das Wappenschild und die Lanzenfahne des heiligen Mauritius tragen, reitet heran, um der Stadt den begehrten Königsbann zu verleihen.

Daß es sich bei dem Reiter nur „vermutlich“ um Otto I. handeln soll, läßt ein echter Magdeburger nicht gelten. An der Elbe weiß man es besser: Der Mann im Sattel kann nur Otto der Große sein! Er hat Magdeburg schließlich zur Mitte Europas gemacht und ihm allein gebührt eine solche Ehre!

Die Figurengruppe wurde seit dem Mittelalter durch ein „Häuschen“ mit frühgotischem Spitzhelm geschützt. Den löste im Jahre 1651, dem Geschmack der Zeit entsprechend, ein „Tempietto“, ein Tempelchen, mit barockem Baldachin ab. 1966 – mehr als sieben Jahrhunderte nach der Aufstellung – holte man den Sandstein-Otto und seine beiden Begleiterinnen vom Sockel und ersetzte sie durch eine Bronzekopie, die zur Jahrtausendwende auch noch vergoldet wurde. Das eindrucksvolle Original aber kann man bei jeder Witterung im Kulturhistorischen Museum betrachten. Und dort ist man dem Reiter und den reizvollen Jungfrauen noch viel näher als auf dem Markt.

Altes Rathaus

Magdeburgs Oberbürgermeister ist ein Glückspilz! Er sitzt in einem der schönsten mitteldeutschen Rathäuser, hat ein Glokkenspiel im Turm, einen riesigen Roland vor dem Haus und Till Eulenspiegel, der turnte hier auch schon einmal übers Dach.

Das Alte Rathaus, so benannt nachdem zu Beginn des vorigen Jahrhunderts ein größerer Neubau eingeweiht worden ist, befindet sich an jenem Platz, an dem im frühen Mittelalter das Versammlungshaus der Kürschnerinnung stand. In dessen Räumen kam vom Jahre 1238 an der neu gegründete Rat zu seinen Sitzungen zusammen. Ein Brand zerstörte 1293 das Gebäude. Auf seinen Fundamenten errichtete man den ersten Rathausneubau der Stadt. Als die Truppen Tillys am 10. Mai 1631 Magdeburg eroberten, wurde auch das Rathaus zerstört. Erst sechzig Jahre später hatte man das Geld für einen neuen Bau zusammen. 1691 machte sich der Ingenieur-Hauptmann Heinrich Schmutze ans Werk, und noch bevor das für Magdeburg so tragisch verlaufene Jahrhundert zu Ende ging, wurde der Richtkranz aufgezogen. Von da an dominierte das im Stile der niederländischen und italienischen Renaissance errichtete Palais den zentralen Platz.

Im Zweiten Weltkrieg wurde das Alte Rathaus abermals zerstört. Erst in den sechziger Jahren erfolgte der Wiederaufbau. Aus dieser Zeit stammt auch die von Heinrich Apel geschaffene Bronzetür des Hauptportals. Apel, dessen Werke aus dem Stadtbild nicht wegzudenken sind, schuf vierzehn Szenen, die Magdeburger Ereignisse und Magdeburger Geschichte illustrieren. Den

Das Alte Rathaus mit dem Roland und dem Magdeburger Reiter

Reigen führen selbstredend Kaiser Otto I. und seine beiden Frauen an, gefolgt von dem „Sachsenspiegel"-Autor Eike von Repgow, von Till Eulenspiegel, vom Wunderdoktor Eisenbarth, von Otto von Guericke und Georg Philipp Telemann. Da fehlen weder Trümmerfrauen noch Stadtansichten, weder die innerbetriebliche „Zeitungsschau" noch der Motorflieger Hans Grade, und auch Wilhelm Weidling, der Magdeburger Schneidergeselle und marxistischer Utopist, ist dabei. Einmalig für eine Rathaustür dürfte auch die Klinke sein: Sie besteht aus einer Maurerkelle mit glänzendem Griff.

Die beiden Jahreszahlen über dem Portal erinnern an den Baubeginn durch den Ingenieur-Hauptmann vor gut dreihundert Jahren und an die Schlüsselübergabe anno 1969.

Der Roland

Im Hinblick auf das 1200jährige Stadtjubiläum erfuhr das Alte Rathaus eine zweite grundlegende Sanierung. Und jetzt meldeten sich auch Stimmen zu Wort, die nach einem neuen Roland riefen. Die mittelalterliche, bemalte Steinfigur, die den hölzernen Roland von 1381 ersetzt hatte, war 1631 beim Angriff auf die Stadt vernichtet worden. Wie dieser steinerne Roland aussah, hatte Johannes Pomarius in seiner 1588 erschienenen „Chronik der Sachsen und Niedersachsen" festgehalten. Den Sockel entfernte man 1727, woran noch eine Jahreszahl im Pflaster erinnert. Ein 1915 geschaffener Holz-Roland mit brusthohem Schwert wurde 1933 vor das Rathaus gestellt und vermutlich im ersten Nachkriegswinter samt Schwert verheizt.

Das Ringen um einen Jubiläumsroland nahm viel Zeit in Anspruch. Modern wollten ihn die einen haben, historisch die anderen. Manch einem hätte auch eine Erinnerungsplatte aus Stahl genügt. Zuletzt einigte man sich darauf, den Holzschnitt von Pomarius als Vorlage zu nehmen. Darauf war der Hüter städtischer Freiheiten kraushaarig und barhäuptig zu sehen, natürlich mit dem erhobenen Schwert in der Rechten, mit Kniehose und Harnisch vor der Brust.

Diese Figur hatte die Bildhauerin Martina Seffers vor Augen, als sie ihren „Collossus Magdeburgensis" schuf. Das Material für den vier Meter hohen Sandstein-Roland stammt aus den Cottaer Brüchen bei Pirna. Seinen Platz hat er neben dem Eingang zum Ratskeller bekommen, und sobald man um die Figur herum geht, entdeckt man auf der Rückseite noch einen weiteren Bekannten: Till Eulenspiegel. Auch der gehört nach Magdeburg und – wenn man so will – genau hierher.

Ratskeller

Der älteste Teil des Rathauses ist der gastronomisch genutzte „Ratskeller". Er stammt noch aus der Zeit, als hier die Kürschner ihr Zunfthaus hatten. Den schweren Brand von 1293 hatte der Keller unbeschadet überstanden, und auch aus dem 30jährigen Krieg kam er heil heraus, während darüber alles in Flammen aufging und zusammenstürzte. Nicht anders verhielt es sich im Zweiten Weltkrieg. Die Bomben zerstörten wohl das Rathaus, dem tiefer liegenden Keller konnten sie aber nichts anhaben.

In das geschichtsträchtige, einundvierzig Meter lange und von zahlreichen Säulen gestützte Gewölbe muß man schon hinabgestiegen sein! Vielleicht steht dann gerade die Tür zum sogenannten Bischofszimmer offen. In dem erschlugen die Magdeburger anno 1325 den Erzbischof Burchard III., weil der immer neue Abgaben von der Bevölkerung forderte, auf seinen Rechten beharrte und sich kein bißchen einsichtig zeigte. Die Leiche verscharrten sie in diesem Keller, zogen wohl auch den Schlüssel ab und gingen einfach nach Hause. Das kam dem Papst zu Ohren. Der Kirchenbann wurde über Magdeburg verhängt, und es bedurfte großer, auch finanzieller Anstrengungen seitens der Stadt, den Heiligen Vater in Rom wieder gnädig zu stimmen.

Der neue Sandstein-Roland

Magdeburger Carillon

Eine besondere Attraktion auf diesem Marktplatz ist das Glockenspiel im Rathausturm. Zu Beginn der siebziger Jahre des vergangenen Jahrhunderts hatte man den damaligen Oberbürgermeister Herzig zu einem Städtetag nach Belgien reisen lassen. Das Carillon am dortigen Rathaus von Brügge soll ihn derart begeistert haben, daß er nach seiner Rückkehr etwas Ähnliches auch in Magdeburg zu installieren gedachte.

Peter und Margarethe Schilling aus Apolda, in deren traditionsreicher Gießerei die 47 Glocken dann auch gegossen wurden, fertigten die Entwürfe an; Heinrich Apel kümmerte sich um die Inschriften und den übrigen Glockenschmuck. Die schwerste Glocke bekam eine Widmung zum 25. Jahrestag der DDR. Andere erinnern an Magdeburger Persönlichkeiten, an Zerstörung und Aufbau, eine ist mit Bilderrätseln geschmückt. Ein Herz und ein „-ig" verweisen auf den Oberbürgermeister und Initiator des Glockenspiels. Am 28. September 1974 wurde es feierlich eingeweiht. Der Direktor der Musikschule „Georg Philipp Telemann" ließ Beethovens „Ode an die Freude" erklingen, und die mehr als fünfzigtausend Zuhörer auf dem Alten Markt waren hellauf begeistert.

Das Magdeburger Carillon war das erste nach dem Krieg neu eingerichtete Glockenspiel in der DDR. Es wurde auch für andere Städte im Osten beispielgebend. Seine kleinste Glocke wiegt zehn Kilogramm und ist siebzehn Zentimeter hoch; die größte bringt knapp zwanzig Zentner auf die Waage und mißt 1,15 Meter. Insgesamt wurde die Laterne nun mit 6,5 Tonnen zusätzlich belastet. Sie mußte deshalb verstärkt und der Druck auf die Mauern übertragen werden.

Die Glocken sind fest verschraubt. Über einen Spieltisch wird der Klöppel bewegt. Und der wiegt! Bei der tiefsten Glocke sind das knapp dreißig Kilo. Der Carilloneur spielt deshalb mit den Fäusten, und bei den tiefen Tönen springt er schon mal aufs Fußpedal!

Das automatische Glockenspiel ertönt stündlich von zehn bis achtzehn Uhr. Ist man aber an einem Freitag in Magdeburg, dann sollte man doch etwas länger bleiben und seinen Rundgang so lenken, daß man in der siebten Abendstunde vor dem Alten Rathaus steht. Dann steigt nämlich der städtische Glockenspieler höchstpersönlich in den Turm, um die Menge unter sich mit seinem halbstündigen Spiel zu erfreuen. Am Konservatorium „Georg Philipp Telemann" gibt es inzwischen wieder einen Carillon-Schüler, und der, verrät der Magdeburger Glockenspieler Frank Müller, werde gehütet wie ein „Goldkörnchen".

Eulenspiegelbrunnen

Von der anderen Seite des Marktplatzes beobachtet ein gewitzter Schalk das tägliche Treiben. Der Brunnen und die auf einer Säule hockende Figur aus Muschelkalk sind ebenfalls ein Werk des 1935 in der Börde geborenen Bildhauers Heinrich Apel. Der Witzbold mit dem Spiegel ist Till Eulenspiegel, der, so lehrt es das „Volksbuch", die Einwohner von Magdeburg einmal mit der Ankündigung, er wolle wie ein Vogel vom Balkon des Rathauses herabfliegen, auf den Markt gelockt hatte. Die Magdeburger kamen zuhauf, um Zeuge dieses Spektakels und natürlich des erwarteten Absturzes zu sein. Doch der Schalk machte sich nur über sie lustig, weil sie in ihrer Einfalt einen solchen Unsinn für bare Münze gehalten hatten. Die Gesichter der Bloßgestellten über dem Wasser erinnern daran.

Sinniges in Stein

Für Wasserspiele und für frei stehende Kunstwerke haben die Magdeburger etwas übrig. Das merkt man sofort. Hinter dem Alten Rathauses befinden sich gleich drei Wasserbecken. Dort ragt auch eine Stele auf, die am Ende in einen Phallus übergeht. Oder ist's ein Blütenstempel? Wie auch immer – fünf wohlgeratene Magdeburger Mädchen gruppieren sich darum. Die eine liest, die andere riecht, die nächsten schmecken, hören und fühlen. Heinrich Apel hat mit dieser Arbeit die fünf Sinne dargestellt.

Die Hartstraße ist kurz und gepflastert und führt von der Ernst-Reuter-Allee zum Alten Markt hinüber. Über den Ein- und Durchgängen der nach dem Krieg errichteten Bauten sind historische Hauszeichen eingelassen. Sie waren in den Kriegstrümmern entdeckt worden und erinnern, wie die zum Jubiläum der Landeshauptstadt angefertigten Kanaldeckel, an Magdeburgs langes Leben und große Vergangenheit.

Johanniskirche

„Zu St. Johannis, die Reichen./Zu St. Ulrich, desgleichen./Zu Heilig-Geist, die Tischer./Zu Petri, die Fischer. Zu St. Katharina, der Arme./Zu St. Jakob, daß sich Gott erbarme!“, lautete ein gern zitierter Spruch.

St. Johannis, nahe beim Alten Markt gelegen, war die reichste und zugleich auch die älteste Pfarrkirche der Stadt. Bereits 1015 findet sie als „ecclesia mercatorum“ Erwähnung; einen älteren Hinweis auf eine Kaufmannskirche gibt es in Deutschland nicht. Mit dem Bau einer kreuzförmigen dreischiffigen Basilika wurde 1131 begonnen. Die doppeltürmige Westfassade entstand ab 1208. Zwei Jahrhunderte später erfolgte der Umbau zur gotischen Hallenkirche. Da war St. Johannis bereits Hauptpfarr- und Ratskirche.

Luther predigte hier im Juni 1524. Danach war Magdeburg eine protestantische Stadt, die sich bei vielen Gelegenheiten als Bollwerk des neuen Glaubens auszeichnete. Als Tilly 1631 in Magdeburg einfiel und alles niederbrennen ließ, wurde auch St. Johannis zerstört. Der Wiederaufbau erfolgte erst 1669. Auch im Zweiten Weltkrieg blieb die Kirche nicht verschont. Die Ruine kam 1968 in städtischen Besitz. Als Mahnmal sollte sie fortbestehen. 1980 wurde der südliche Turm zudem als Aussichtsturm geöffnet.

Die wiederaufgebaute St. Johanniskirche

Zur Wende 1989/90 war der Wunsch vieler Magdeburger, nach so vielen Verlusten und Demütigungen wenigstens diese Kirche wieder aufzubauen, so stark, daß man ein Spendenkonto einrichtete und ein Kuratorium zum Wiederaufbau der Johanniskirche ins Leben rief. Am 2. Oktober 1999 wurde Magdeburgs älteste ehemalige Pfarrkirche als Kulturzentrum eingeweiht. Seither gibt es hier Konzerte, Kongresse und mancherlei mehr.

Während der Restaurierung erfolgten auch Um- und Anbauten. So kann man beispielsweise jetzt die Gruft der Familien Alemann und Guericke, eingerichtet als Gedenkstätte für Otto von Guericke, besichtigen. Seine früh verstorbene erste Frau, die eine geborene Alemann war und deren Stein während des Ausbaus gefunden wurde, liegt hier ebenso begraben wie nahe andere Verwandte. Das nährt die Vermu-

Aufgereihte Glocken am Chor

tung, daß auch Magdeburgs bedeutendste Persönlichkeit am 2. Juli 1686 in der Johanniskirche beigesetzt worden ist. Die Totenfeier hatte allerdings in der Ulrichskirche stattgefunden, wohin der Sarg unter großer Anteilnahme der Bevölkerung und unter dem Geläut sämtlicher Kirchenglocken gefahren worden war. Der Tod hatte den 84jährigen Guericke bereits am 11. Mai in Hamburg ereilt, wo er bei seinem Sohn gelebt hatte. Die Überführung nach Magdeburg hatte sich durch die Belagerung der Stadt immer wieder verzögert.

In der Kirche gibt es einige kunst- und baugeschichtliche Besonderheiten, etwa die spätgotische Sakristei oder den barokken Kanzelträger. In der Westvorhalle trifft man auf eine sitzende, trauernde Frau mit einem Zinnenkranz auf dem Kopf. Es die „Trauernde Magdeburg"! Diese 1858 von Ernst Rietschel für das Wormser Reformationsdenkmal entworfene Begleitfigur, wurde von Adolf Donndorf ausgeführt. Der Zweitguß kam 1906 dank einer Schenkung an die Stadt und in die Johanniskirche. Hier hat die„Trauernde Magdeburg" wie durch ein Wunder die Bombardements des Krieges und die Zerstörung der Kirche unbeschadet „überlebt".

Wenn man die 277 Stufen im Südturm hinaufsteigt, steht man 52 Meter über dem Vorplatz und wird mit unvergeßlichen Rund- und Einblicken belohnt. Von hier sieht man bei gutem Wetter nicht nur den Brocken und den Harz. Zum Greifen nahe sind Hafen und Jahrtausendturm, und man staunt über das viele Grün. Das Rathaus sieht von oben noch viel schöner aus, und vor der Kirche wirkt der große Luther von Emil Hundrieser (1886) ganz klein.

Spätgotische Vorhalle

St. Magdalenenkapelle

St. Magdalenenkapelle

Wer hier die Orgel spielen will, darf keinesfalls zu dick und muß schwindelfrei sein. Die Empore ist schmal. Und wenn man aus der Höhe in den Chor hinabschaut, wird einem ganz anders. Die auf einer Mittelsäule ruhende Empore wurde nachträglich eingebaut, und weil in dieser Kapelle alles doch etwas klein und sehr grazil geraten ist, fiel auch die Galerie zierlich aus. Ihr Anblick ist aber ein ästhetischer Genuß und die Lösung mit der Mittelsäule einfach genial.

Der Grund für die Erbauung der Kapelle ab 1315 war eine Dieberei. Ein dreister Bursche hatte ein wertvolles Hostiengefäß aus dem Paulinerkloster entwendet. Daheim angekommen, bemerkte er, daß die Büchse noch gut gefüllt war. Am nächsten Morgen wollte er den geweihten Inhalt auf den Altar der Petrikirche legen, verlor aber die Nerven. Er rannte, weil er fürchtete, entdeckt zu werden, an der Kirche vorbei und versteckte die Hostien an dem vom Mariä-Magdalenen-Kloster zur Elbe führenden Weg.

Ein Fuhrmann kam des Wegs, seine Pferde bäumten sich an dieser Stelle auf und wollten keinen Schritt weiter. Der Wagenlenker sprang ärgerlich vom Bock und entdeckte den Grund für die Aufgeregtheit der Tiere. Der Dieb war derweil schon beim Verkauf des leeren Gefäßes gefaßt worden, nun besiegelte der Fund sein Schicksal. Der Bursche wurde zum Tode verurteilt und hingerichtet. Weil man sich aber nicht sicher war, ob der Frevel damit schon genug gesühnt war, errichtete die besorgte Bürgerschaft für alle Fälle am Fundort noch eine Sühnekapelle. Mit der beschenkte Papst Urban VI. siebzig Jahre später das Mariä-Magdalenen-Kloster, und die benachbarte Petrikirche erhielten die frommen Schwestern vom Orden der Büßerinnen gleich noch dazu.

Eine Tafel am Wegesrand erinnert heute an diesen wichtigen „Frauenort“ und an die Begine Mechthild von Magdeburg, der ersten deutschen Mystikerin. Sie war um 1230 in die Stadt gekommen, wo sie fast vierzig Jahre nach den strengen asketischen Regeln des heiligen Dominikus lebte.

Die Reformationzeit brachte auch für die Bewohnerinnen des Mariä-Magdalenen-Klosters auf dem erhöhten Westufer über der Elbe mancherlei Veränderung mit sich. Die Nonnen verließen die Stadt. Das Kloster verfiel allmählich und ging in städtischen Besitz über. Später fanden hier unversorgte Bürgertöchter eine Heimstatt, und eine Töchterschule öffnete ihre Pforten. 1722 ließ Fürst Leopold von Anhalt-Dessau die ehemalige Klosterkirche zu einem Lazarett umbauen. Es war die erste derartige Einrichtung der Stadt. Im Jahre 1848 wurden sämtliche Gebäude des Klosters abgebrochen.

Allein die Fronleichnamkapelle am Hochufer hat die Zeiten überdauert, sogar den letzten Krieg. Mit ihrem gotischen Steildach und dem schlanken Spitztürmchen ist sie ein architektonisches Kleinod und ein eindrucksvolles Zeugnis hochgotischer Baukunst. Die Kapelle kommt ganz ohne äußere Strebepfeiler aus. Fünf schmale und hohe gotische Fenster schmücken den von einem Kreuzrippengewölbe eindrucksvoll abgeschlossenen Chor.

Nach der Restaurierung in den sechziger Jahren des vergangenen Jahrhunderts nutzte die kleine Gemeinde der Magdeburger Altlutheraner die Kapelle als Gotteshaus. 1988 ging man daran, eine Gedenkstätte für den französischen Revolutionsgeneral Carnot zu errichten. Seit die Magdalenenkapelle 1991 dem Hilfswerk Subsidiaris übergeben wurde, ist sie ein Ort der Stille und Besinnung und täglich geöffnet. An jedem Montag wird zur Meditation eingeladen. Um die Unterkirche wieder nutzen zu können, sind noch einige Arbeiten erforderlich.

Petrikirche

Trutzig wirkt er, und ein bißchen aus der Achse gerückt ist er auch! Der aus hammerrechtem Bruchstein errichtete Turm der katholischen Pfarrkirche St. Petri hat etwas Wehrhaftes und erinnert an die Dorfkirchen des Mittelalters.

Als das vor der nördlichen Stadtmauer gelegene Fischerdorf Frose 1390 zu Magdeburg kam, mußte die alte Saalkirche der Petri-Gemeinde einer größeren gotischen Kirche weichen. Nur der Turm blieb erhalten, rutschte allerdings am neuen Bauwerk ein Stückchen nach Nordwest. Mit seinen Rundfenstern und Schallöffnungen, den Würfelkapitellen und Säulen ist dieser Turm ein wichtiges Zeugnis romanischer Baukunst und eine von vier Magdeburger Stationen auf der „Straße der Romanik" in Sachsen Anhalt.

Im 30jährigen Krieg und zuletzt 1945 wurde St. Petri zerstört. Die katholische Kirche erwarb die Ruine und baute das Gotteshaus bis 1970 wieder auf. Die fünf dabei rekonstruierten Zwerchgiebel aus dem Mittelalter sollen einen Eindruck aus der Zeit vor der ersten Zerstörung vermitteln.

Die dreischiffige Hallenkirche ist 32 Meter lang, 22 Meter breit und 16 Meter hoch. Sie wird jetzt von einer Holzdecke abgeschlossen, doch die starke Ausstrahlung, die die-

Blick auf die mittelalterlich anmutenden Zwerchgiebel von St. Petri

se gotische Architektur auf den Betrachter ausübt, bleibt. Das Langhaus besteht aus fünf Jochen, der Chorraum, bau- wie kunstgeschichtlich wohl der interessanteste Teil, besticht durch seine dicht nebeneinander liegenden Fenster.

Die liturgischen Elemente im Chor schuf – vom Altar bis zum Taufstein, vom Osterleuchter bis zum Priestersitz – der Magdeburger Bildhauer Heinrich Apel (geboren 1935). Die farbigen Fenster entwarf Carl Fritz David Crodel (1894-1973), der sich Charles Crodel nannte und einer der bedeutendsten Glasmaler war. Die Fenster der Nordseite verweisen auf Ereignisse aus dem Neuen Testament, die auf dem gegenüberliegenden Fenster jeweils mit Szenen aus dem Alten Testament korrespondieren. Das Fenster links neben dem Eingang erzählt von Marias Begegnung mit dem Engel. Die Gottesmutter trägt Zöpfe, wodurch sie schon etwas der Jungfrau im Wappen der Stadt ähnelt. Im Fenster daneben sitzt das Kind auf ihrem Arm. Der Thron Davids ist verwaist, und auf dem „Nähtisch der Maria“ erkennt man Nadel und Faden, Schere und Stoff, und eine Katze sitzt ganz unten rechts!

Es macht Freude, jedes Fenster für sich zu entdecken, und wie Heinrich Apel, so hat auch Charles Crodel den Versuch unternommen, mit seinem modernen Werk eine Brücke zum Mittelalter und zu diesem großen gotischen Raum zu schlagen.

Die an der Südseite gelegene ursprüngliche Vorhalle dient werktags als Kapelle. Altar und Buchstütze, der Schlußstein mit seinen vier Köpfen, Tabernakel und Ewigkeitsampel stammen wiederum von Heinrich Apel. Das Kruzifix wie die bemalte Lindenholzmadonna mit Traube und Kind sind spätgotische Arbeiten und entstanden um 1480.

Lohnend ist ein Spaziergang um die Kirche. Auf diese Weise kann man an die im Stil norddeutscher Backsteingotik errichtete Vorhalle sowie die imposante Giebelfront genauer in Augenschein nehmen. Von der Mauer bietet sich ein herrlicher Blick hinüber zur Elbe, auf die Neue Strombrücke zur Rechten und die Jerusalembrücken ganz links.

St. Petri, ab 1545 evangelisch, wurde 1970 als katholische Pfarrkirche geweiht und nach der Gründung der Universität zur katholischen Universitätskirche erhoben. Mit der an der Kirche angebrachten stilisierten Muschel der Pilger ist sie eine empfohlenen Station auf dem Weg nach Santiago de Compostela.

Wallonerkirche

Ein gotisches Spitztürmchen ist auf der Rasenfläche des Innenhofes abgestellt. Ursprünglich schmückte es den schmalen Turm, der sich über dem Dach der Kirche erhebt. Die altersschwarze Fiale hat eine erstaunliche Größe, und man atmet schon erleichtert auf, daß sie in diesem Zustand auf dem Rasen und nicht hoch oben auf der Balustrade steht!

Das achteckige Glockentürmchen zwischen Hauptschiff und Chorraum verweist auf eine Kirche der Bettelmönchorden. Und in der Tat befand sich hier ein Kloster der Augustinereremiten, dessen Mittelpunkt die 1285 gestiftete Kirche St. Augustini war. Während der Reformationszeit besuchte der Augustinermönch Martin Luther häufig das Kloster und verbreitete hier seine Lehre.

Nach der Auflösung des Augustinerklosters diente die Kirche als Gymnasium und Armenspital. 1689 forderte der brandenburgische Kurfürst Friedrich III. den Rat der alten Stadt Magdeburg auf, die verfallene Kirche wieder herzurichten und mit Gestühl und Kanzel zu versehen. 1694 wurde St. Augustini an die französischen Glaubensflüchtlinge übergeben. Diese waren aus ihrer wallonischen Heimat im heutigen Belgien vertrieben worden und hatten zunächst in der Pfalz, nach abermaliger Flucht in Mannheim Aufnahme gefunden, ehe sie auf Einladung des Großen Kurfürsten nach Magdeburg kamen. Mit dem Einzug der wallonisch-reformierten Gemeinde wurde aus der Kirche St. Augustini die Wallonerkirche.

Im Zweiten Weltkrieg schwer beschädigt, setzte der Wiederaufbau erst in den sechziger Jahren ein. Beim Betreten der „leeren" dreischiffigen Hallenkirche überraschen zunächst ihre Weite (35 Meter) und ihre Höhe (20 Meter). Vor dem Nagelkreuz im Langhaus laden Sitze zum Innehalten ein. Freitags wird an dieser Stelle um 12 Uhr das Versöhnungsgebet von Coventry gesprochen.

Ein Rundgang, als Meditationsweg angelegt, erinnert an jene acht „verlorenen Magdeburger Kirchen", die während der DDR-Zeit aus städtebaulichen und ideologischen Gründen gesprengt wurden. Zu ihnen gehört auch die 1288 erbaute, 1688 erweiterte und 1945 ausgebombte Heilig-Geist-Kirche. 1951 wurde sie mit ausländischer Unterstützung wieder aufgebaut. Als eine neuseeländische Pianistin vor einigen Jahren nach Magdeburg reiste, um die Taufkirche von Johann Philipp Telemann zu besuchen, kam sie umsonst. Die Heilig-Geist-Kirche war 1959, nur wenige Jahre nach ihrem Wiederaufbau, gesprengt worden.

In den siebziger Jahren schlossen sich die ihrer alten Gotteshäuser beraubten altstädtischen Gemeinden zur Reformierten Gemeinde und zur Kirchengemeinde Magdeburg-Altstadt zusammen. Beide haben in der Wallonerkirche ein neues Zuhause gefunden: die einen in der Kapelle an der Südseite des Chores, die anderen im Hohen Chor selbst. Der mußte 1951 zum Zwecke der Turmsicherung vermauert werden. Auf diese Weise entstand ein separater sakraler Raum.

Man betritt ihn durch ein neu eingefügtes Portal. Eindrucksvoll wirken die fünf hohen, schlanken gotischen Fenster mit ihrem schönen Maßwerk. Der mit zwei Flügelpaaren versehene kostbare Schnitzaltar von 1488 gehörte ursprünglich zum Inventar der Kirche St. Ulrich in Halle, die 1976 in eine Konzerthalle umgewandelt wurde. Auch das von Maria und von drei weiteren Heiligenfiguren getragene bronzene Taufbecken stammt aus der Hallenser Kirche. Gegossen wurde es jedoch 1430 „to magedeborch", und damit kehrte es an seinen Entstehungsort zurück.

Die Epitaphien an den Wänden, teilweise französisch verfaßt, blieben aus jener Zeit erhalten, als die Walloner die Kirche in Besitz hatten. Die David-Figur neben dem Eingang schmückte ursprünglich die Orgel der Magdeburger Pfarrkirche St. Ulrich und begleitete die Altstadtgemeinde auf all ihren Stationen. Nun hängt der Harfe spielende David hier.

Auch die im Kreuzgang aufgestellten Grabmale stammen aus Gotteshäusern, die es heute nicht mehr gibt. Ein auffallender monströser Stein erinnert an Jacob Bertram. Zwei Geschütze, Lunte, Kugeln, Reinigungsset und ein Pulverfaß sind darauf zu sehen. Der 1697 Verstorbene war Oberst der Artillerie, und als man ihn zu Grabe trug, schoß man so euphorisch Salut, daß die Scheiben in den Fenstern von St. Jacobi zersprangen.

Wenn die Adventszeit anbricht, gibt es wohl kaum einen Magdeburger, der nicht nach dem Türmchen der Wallonerkirche Ausschau hält. Alljährlich am Tag des heiligen Nikolaus wird ein Christbaum auf den Turm gezogen. Mit Lichtern geschmückt und weithin sichtbar, will er an das weihnachtliche Geschehen erinnern. Dieser Brauch dürfte wohl des Mangels an offenen Kirchtürmen wegen so gut wie einmalig sein. Am 6. Januar schwebt der Walloner-Weihnachtsbaum wieder zur Erde zurück.

Breiter Weg

Wie alle großen Städte, so besaß natürlich auch Magdeburg seine Prachtstraße! Die verlief in Nord-Süd-Richtung und parallel zur Elbe. Sie war identisch mit der frühmittelalterlichen Heer- und Handelsstraße und wurde nicht Straße, Boulevard oder Allee genannt, sondern blieb für die Magdeburger ihr „Breiter Weg".

Der ist 2 050 Meter lang und erstreckt sich vom Hasselbach- bis zum Universitätsplatz. Dabei wird er von der Ernst-Reuter-Allee, die unter anderem Namen erst nach dem Krieg angelegt worden ist, gekreuzt. Der Abschnitt von der Reuter-Allee bis zum ehemaligen Krökentor in der einen und bis zur Danzstraße in der anderen Richtung war von ungewöhnlich schönen Barockbauten geprägt, die 1945 dem Bombardement zum Opfer fielen. Der südliche Bereich zeichnete sich vor allem durch attraktive mehrgeschossige Wohn- und Geschäftshäuser aus, die in der zweiten Hälfte des 19. Jahrhunderts im Gründerzeitstil errichtet worden waren.

Seiner überwiegend barocken Bausubstanz wegen wurde der Breite Weg als schönste Barockstraße Deutschlands gepriesen. Wer nach Magdeburg kam, der wollte sie sehen und erleben, denn auf und um den Breiten Weg war stets etwas los. Hier gab es das Erdmanndorffsche Theater, wo der Kapellmeister Richard Wagner Minna Planer ver- und seine erste Oper („Das Liebesverbot") uraufführte. Hier befand sich das Altstädtische Gymnasium und stieg der junge Wilhelm Raabe in den Buchhandel ein ...

Der „Plättbolzen" am Hasselbachplatz

Hasselbachdenkmal am Haydnplatz

Das änderte sich schlagartig, als bei dem Angriff am 16. Januar 1945 die Altstadt in Schutt und Asche versank. Lediglich zwei (!) zum Sprengel der St. Ulrichkirche gehörende Barockhäuser (Nr. 178/179) hatten das Inferno überstanden. Sie waren um 1730 erbaut worden und mit 6,50 Metern besonders schmal.

Der zum Universitätsplatz hin gelegene nördliche Abschnitt wurde dann in den sechziger Jahre teilweise mit achtgeschossigen Wohnhäusern neu bebaut. Die Katharinenkirche, deren eindrucksvolle Doppeltürme man ursprünglich in die Planung mit einbeziehen wollte, wurde gesprengt. Ein Bronzemodell erinnert am einstigen Standort an die Kirche und ein am 9. November 1988 an der Julius-Bremer-Straße eingeweihtes Denkmal von Josef Bzdok an die Alte jüdische Synagoge.

Ein „architektonischer Ruck" ging nach der politischen Wende durch den Breiten Weg. Das ehemalige Kaufhaus (Nr. 109) wurde völlig umgebaut, und heraus kam eine beneidenswert großzügig angelegte Stadtbibliothek mit dem Konservatorium „Georg Philipp Telemann" als Nachbarn im Neubau. Im südlichen Bereich der Straße wuchsen Bankgebäude empor und dazwischen, weithin sichtbar, das 2003 bis 2005 erbaute Hundertwasserhaus.

Vor dem Stadtbrand von 1207 begann der Breite Weg am Sudenburger Tor und endete am Ratswaageplatz. Einige Zeit später kam man von dort schon bis zum Krökentor. Mit der Entfestung und Stadterweiterung im 19. Jahrhundert fiel auch das Sudenburger Tor. Der Breite Weg begann nun am Hasselbachplatz. Dort entstanden eindrucksvolle hohe Gründerzeithäuser, wie der „Plättbolzen" (Nr. 232 a). Was von ihnen Krieg und Nachkriegszeit überdauert hat, ist heute saniert und verleiht diesem innerstädtischen Platz seine besondere Atmosphäre.

Benannt wurde er nach jenem verdienstvollen Oberbürgermeister, der die Stadterweiterung zur Chefsache gemacht, den industriellen Aufschwung nach Kräften unterstützt, die Straßenpflasterung forciert und die Gasbeleuchtung eingeführt hatte.

Ein Denkmal für Carl Gustav Friedrich Hasselbach (1809-1882) forderten die Magdeburger gleich nach seinem Tod. Ein Brunnen sollte es sein, und mittendrin ein Obelisk. Den Entwurf lieferte der Bildhauer Karl Albert Bergmeier. Emil Hundrieser, Schöpfer des Magdeburger Lutherdenkmals, fertigte das Modell und den Oberbürgermeisterkopf an. Die Brunnenfiguren stehen für Handel und Gewerbe, für Landwirtschaft und Wissenschaft. Als der Brunnen seinen Platz auf der dafür vorgesehenen Kreuzung einnehmen sollte, fuhren inzwischen so viele Wagen darüber, daß das Denkmal eine wirkliche Gefahr bedeutet hätte. Deshalb gelangte es zunächst auf den Hasselbachplatz. Dort blieb es bis 1927. Seither geht man, wenn man zum Hasselbachdenkmal will, zum Haydnplatz.

Hundertwasserhaus

Seinen Anfang genommen hatte alles mit einem Stiefel. 1997 war von Magdeburger Wohnungsbaugenossenschaften ein Kinder-Malwettbewerb initiiert worden. Die jungen Teilnehmer sollten zu Papier bringen, wo und wie sie gern wohnen würden. Die neunjährige Maria Prinz entschied sich für ein Leben im Stiefel, und ihre über mehrere Etagen verteilten Wohnbereiche waren so heiter angelegt, so phantasievoll und bunt, daß man sich auch als Erwachsener darin wohlfühlen könnte.

Als der Vorsitzende der Wohnungsbaugenossenschaft „Magdeburg 1954 e. G." einen in die Jahre gekommenen Plattenbau am Breiten Weg von Grund auf sanieren mußte, erinnerte er sich an diesen Stiefel und an den Ausruf seines Enkels: „Opi, wenn du solche Häuser bauen würdest, würden alle Kinder bei dir wohnen wollen!" Bei der Ehre gepackt, schrieb er an Friedensreich Hundertwasser nach Wien. Der ließ sich Zeit, schickte seine Leute aus, für ihn die „Seele" Magdeburgs und das Umfeld des zu sanierenden Objektes in Augenschein zu nehmen und zu dokumentieren.

Nach Hundertwassers Verständnis umgeben fünf Häute den Menschen. Die erste, die menschliche Haut, kann er durch frisieren, maniküren, tätowieren, schminken verändern; die zweite nennt er die Kleidung, die vierte wird von seinem sozialen

Die „Grüne Zitadelle" – ein Hundertwasserhaus am Breiten Weg

Geflecht gebildet, von Familie, Freunden, Kollegenkreis. Die fünfte Haut legen Natur und Kosmos um uns. Die dritte Haut aber ist die Architektur. Ihr sind wir ausgeliefert, und wenn es, so Hundertwasser, mit dieser Haut nicht stimmt, macht das zwangsläufig krank. Irgendwann vernachlässigt man auch sich, seine sozialen Kontakte, die Beziehung zu Kosmos und Natur ...

Als Hundertwasser die Fotos von Magdeburg und den aus den Trümmerfeldern des Krieges entstandenen Breiten Weg mit seinen monotonen, geradlinigen Zweckbauten sah, fand er die Voraussetzungen für sein Engagement bestätigt. Dieser „Betonwüste“, wie er sie nannte, wollte er etwas „Menschliches“ zurückgeben. Anfangs dachte er noch an eine veränderte „Platte“ mit Rampen, mit Begrünung und den obligatorischen Zwiebeltürmen. Doch dann fiel die Entscheidung für Abriß und Neubau.

Verspielt und bunt sind die Details

Von Neuseeland aus, wo Hundertwasser die letzten Jahre lebte, entwarf er sein Haus für Magdeburg. Und weil ein solches Haus in seinen Augen eines Schutzes bedarf, erhielt es den Namen „Grüne Zitadelle“. Damit schlug er zugleich einen lokalen Bogen und in die Zeit, als Magdeburg Preußens mächtigste Festung war.

Hundertwasser hatte das ganze Jahr 1999 über und bis kurz vor seinem Tod an der „Grünen Zitadelle Magdeburg“ gearbeitet. Am 19. Februar 2000 starb er während einer Schiffsreise im Pazifik. Nach seinem Tod stellte sich die Frage, ob ein solches Werk überhaupt ohne den Künstler gebaut werden dürfe. Doch weil er jedes Detail zuvor bereits festgelegt hatte und die Ausführenden langjährige Weggefährten waren, wurde mit dem Bau begonnen.

Das 27 Millionen teure Projekt betreute der Architekt Peter Pelikan. Die Grundsteinlegung fand 2003 statt, die Einweihung am 3. Oktober 2005. Seither gehört das bunte Haus mit seinen goldenen Kuppeln, seinen „tanzenden Fenstern“ und verblüffenden Formen zum Bild der Stadt und ist das Ziel vieler Touristen. In dem Wohn- und Geschäftshaus gibt es auch ein Hotel, einen Kindergarten, ein Café und kleine Läden. Man kann es als begrünte Oase empfinden, als „Erholungskapsel“ oder „Vorhof zum Paradies“. Man kann es mögen oder auch nicht. Sobald man aber einen Schritt in dieses Architekturprojekt hinein getan hat, bemerkt man plötzlich, daß hier etwas vor sich geht mit einem. Und man beginnt zu spüren, daß man sich beim Gehen zusieht, während die Füße mit dem welligen Pflaster in einen Dialog treten ...

Die „Grüne Zitadelle von Magdeburg“ ist das letzte von Friedensreich Hundertwasser entworfene Bauwerk. Im Innenhof befindet sich die Information, und wer mehr über Hundertwasser und dieses Architekturprojekt in Erfahrung bringen will und eine Führung wünscht, ist dort gut aufgehoben.

Kulturhistorisches Museum

Am 16. Dezember 1906 wurde in der heutigen Otto-von-Guericke-Straße 68-73 das „Kaiser Friedrich Museum" eröffnet. Seinen Namen erhielt es zur Erinnerung an Friedrich III., der sich bekanntlich nicht nur als talentierter Feldherr hervortat sondern auch ein geachteter „Bewunderer und Kenner, Freund und Förderer der schönen Künste" war. Der Neubau war dringend erforderlich geworden, weil das kurz zuvor gegründete Städtische Museum am Domplatz bereits aus allen Nähten platzte. In den Depots und Ausstellungsräumen wurden wertvolle Stücke von der Antike bis zur Gegenwart verwahrt und präsentiert. Darunter einzigartige Objekte zur Geschichte der Stadt und des Mittelalters, Gemälde von Dürer und Cranach, von Menzel, Leibl, Liebermann und Böcklin ...

1895 war mit dem 32jährigen Theodor Volbehr einem deutschlandweit anerkannten Fachmann die Leitung des Museums übertragen worden. Auch er setzte sich vehement für den Museumsneubau ein. Aus einem Architekturwettbewerb ging der mit dem beziehungsreichen Kennwort „Kiek in de Köken" eingereichte Entwurf des Wiener Architekten Friedrich Ohmann als Sieger hervor. Er hatte einen dreiflügeligen Zweckbau im Stile der Spätrenaissance geplant. Die Präsentation der „Magdeburger Alterthümer" sollte in einem sich über zwei Etagen erstreckenden, saalartigen Raum erfolgen. Der würde von Elementen der Romanik, der Gotik und des Jugendstils geprägt sein und durch seine Ausmaße (Höhe 16 Meter) und seine „Kapellen" (in einer hat heute die Figurengruppe „Der Magdeburger Reiter" ihren Platz gefunden) etwas Weihevolles, ja Sakrales haben. Ohmanns Rechnung ging auf. Der „Magdeburger Saal" nahm die Besucher sofort gefangen und wurde zum „Herzstück" des Museums.

Hier bekamen das von Peter Fischer geschaffene Grabmal des Erzbischofs Ernst von Sachsen, später auch die Bronzereplik „Trauernde (Stadt) Magdeburg" des Wormser Lutherdenkmals ihren Platz. Der Blickfang war jedoch das monumentale Wandgemälde von Arthur Kampf. Der 1864 geborene und an der Düsseldorfer Kunstakademie ausgebildete Maler, Grafiker und Illustrator, dessen Historienbilder bis ins 20. Jahrhundert hinein in keinem Schulbuch fehlten, hatte auf einer Fläche von 110 Quadratmetern drei Szenen aus dem Leben Ottos des Großen dargestellt. Die mittlere soll an seinen Sieg über die Slawen und Wenden und an den Einzug in Magdeburg erinnern. Auf dem linken Gemälde zeigt der Künstler den jungen König und seine Gemahlin beim

Eingang des Museums

Baustellenbesuch an der neuen Stadtmauer. Das dritte Bild illustriert Ottos über den Tod hinaus reichende Liebe zu seiner ersten Frau: Gemeinsam mit der „Zweiten" kniet der Kaiser in der Krypta des Magdeburger Domes vor Edithas Grab.

Unter dem Direktorat von Theodor Volbehr hielt auch die Moderne im Kaiser-Friedrich-Museum Einzug. 1912 wurde van Goghs „Der Maler auf dem Weg nach Tarascon" angekauft. Werke von Barlach, Beckmann und Heckel, von Kirchner, Nolde, Schmidt-Rotluff und von vielen anderen jungen Künstler wurden erworben oder ausgestellt. Die „Säuberungen" der Museen während des Dritten Reiches und die Auswirkungen des Krieges hatte Volbehr nicht mehr erleben müssen. Er starb 1931.

Im Zweiten Weltkrieg war ein Großteil der Bestände, darunter zahlreiche Kisten mit Grafiken und knapp zweihundert der wertvollsten Gemälde in einen nahen Kalischacht ausgelagert worden. Davon kehrte kaum etwas nach Magdeburg zurück. Ein Brand mag manches vernichtet haben, Plünderungen taten ein Weiteres. Verschwunden blieb auch van Goghs heiter stimmendes Selbstporträt, das den Künstler, mit seinen Mal-Untensilien behängt, zur Mittagsstunde auf dem Wege nach Tarascon zeigt.

Bei Kriegsende fehlten zwei Drittel des Bestandes. In dem schwer beschädigten Gebäude fand auch das heimatlos gewordene Naturkundemuseum mit seinem ebenfalls dezimierten Bestand ein neues Zuhause. Magdeburgensien waren rar, und was nicht in die Zeit und in die Köpfe der Funktionäre paßte, wurde vom Sockel gestürzt, zertrümmert, entfernt. Aus dem „Magdeburger Saal" wurde der „Otto-von-Guericke-Saal". In ihm wurde die Stadt jetzt vor allem als Zentrum des Schwermaschinenbaus präsentiert. Und weil der Platz bemessen war und die Geschichte der Arbeiterbewegung gebührend gewürdigt werden sollte, wurde eine Zwischendecke eingezogen, die das verhängte Wandbild von Arthur Kampf brutal zerschnitt. Für die Stahlträger wurden gewaltige Löcher in das Bild gestemmt.

Erst mit der Wende bemühten sich vier Restauratorinnen, fünf Restauratoren, ein Maler und ein Fotograf darum, den Schaden so gut es eben ging zu beheben, ergänzten aber bewußt nicht alles. Im März 2001 wurde der neu hergerichtete und in „Kaiser-Otto-Saal" umbenannte Raum der Öffentlichkeit übergeben. Seither kann man das Historiengemälde von Arthur Kampf wieder bewundern.

Zu den neu hinzugekommenen Ausstellungsstücken gehört auch ein im Jahre 2001 am Domplatz entdecktes Grab. Es ist gemauert und diente vermutlich einem hochgestellten Gefolgsmanns aus dem Umkreis des ersten deutschen Kaisers als letzte Ruhestätte. Das bekannteste und kostbarste Ausstellungsstück ist jedoch der „Magdeburger Reiter". Mit seinen beiden Begleiterinnen steht er in der unteren Kapelle. Die um 1240 entstandene Gruppe weist Bezüge zur Magdeburger Dombauhütte auf. Man vermutet, daß dort tätige Bildhauer auch diese Arbeit geschaffen haben und verweist auf eine gewisse Verwandtschaft zum Torso des heiligen Mauritius.

Den Anblick dieses stolzen Reiters behält man im Kopf, ebenso das stillvergnügte Schmunzeln der Mädchen und den Faltenwurf ihrer Gewänder. Die beiden sehen aus wie zwei sich gesund ernährende, fröhliche Maiden aus der Magdeburger Börde, und wenn man sie länger betrachtet, vergißt man glatt, daß es in diesem Museum noch jede Menge anderes zu betrachten gibt und daß der Unterleib von Ottos Pferd eine gelungene Ergänzung ist.

In anderen Räumen des Museums wird anhand zahlreicher Exponate nicht nur Früh-, Stadt- und Reformationsgeschichte lebendig, sondern auch von der Industrialisierung erzählt, vom Beginn der brandenburgischen Herrschaft im Jahre 1680 bis zur Wendezeit. Der verdankt das Museum unter anderem die späte Heimkehr einer Lutherhandschrift. Ein amerikanischer Militärgeistlicher hatte sie in einer der ausgelagerten Kisten gefunden, mitgenommen und später dem Concordia Historical Institute in St. Louis mit der Auflage ausgehändigt, das Manuskript nach Abzug der Russen aus Magdeburg dort abzuliefern, was dann tatsächlich geschah.

Das Museum für Naturkunde befindet sich im Erdgeschoß. Erstaunen weckt immer wieder das Skelett eines Riesenhirsches (Megaloceros gigantus), der aus Irland stammt und am Ende der letzten Eiszeit gelebt hat. Beim Rundgang blickt der Besucher auch „Engelharts flache(r) Echse“ ins modellierte Gesicht. 1834 entdeckt, ist sie der berühmteste Dinosaurier, der jemals in Deutschland gefunden wurde. Bis zu zwei Tonnen soll die Engelhart'sche auf die Waage gebracht haben, damals, in der Oberen Trias, und das ist jetzt ungefähr 215 Millionen Jahre her ...

Das Original des Standbildes „Magdeburger Reiter“ (um 1240)

Das Kulturhistorische Museum hält mancherlei Überraschungen bereit. 2001 fand eine Otto dem Großen, Magdeburg und Europa gewidmete Ausstellung des Europarates statt, die Zehntausende begeisterte. 2006 wurden Magdeburg und sein Kulturhistorisches Museum wiederum für eine Großausstellung des Europarates auserkoren. „Heiliges Römisches Reich Deutscher Nation 962 bis 1806" lautet das Motto dieser Exposition, die zeitgleich in Berlin und in Magdeburg eröffnet wird. „Von Otto dem Großen bis zum Ausgang des Mittelalters" ist der Themenschwerpunkt für Magdeburg umschrieben, während sich Berlin dem 1495 beginnenden neuzeitlichen Abschnitt der Reichsgeschichte widmet.

Der hervorragende Ruf, der dem Kulturhistorischen Museum vorauseilt, hat dazu geführt, daß Leihgaben auf den Weg nach Magdeburg gebracht worden sind, die man einfach spektakulär nennen muß. So der Barbarossa-Kopf, eine Goldschmiedearbeit aus dem 12. Jahrhundert, die dem Taufpaten des Kaisers, Graf Otto von Cappenberg, gehört hatte, und der Nürnberger Heiltumsschrein aus dem Germanischen Museum, der die Heilige Lanze aufbewahrte, die Otto der Große stets mit sich führte, wenn er über die Alpen und nach Magdeburg kam ...

Sebastianskirche

Vom Breiten Weg nur wenige Schritte entfernt, steht man unvermutet vor einem Bischofssitz. Die ehrwürdigen alten Mauern der Kirche und die Vögel in den Bäumen machen die Nähe der verkehrsreichen Straße vergessen. Man fühlt sich hier wie auf eine Insel versetzt und gut aufgehoben.

Erzbischof Gero hatte an dieser Stelle 1015 ein Kanonikerstift gegründet, in dessen Kirche er bestattet wurde. Fortan war es Tradition, einen Erzbischof am ersten Tag nach seinem Ableben in St. Sebastian aufzubahren, erst dann im Kloster Unser Lieben Frauen und danach im Dom.

Das Stift hatte anfangs auch den Apostel Johannes und den heiligen Fabian als Schutzpatrone. Doch als das Kopfreliquiar Sebastians nach Magdeburg kam, traten die beiden ins nächste Glied. Der Reliquie wurden wundertätige Kräfte zugeschrieben, und in Zeiten der Gefahr ritt man damit auch schon mal die Grenzen des Erzbistums ab.

Nach Geros Tod wurde die Kirche bis zum Jahr 1168 zu einer dreischiffigen romanischen Basilika mit Querschiff und massivem doppeltürmigen Westbau ausgebaut. Stadtbrände hinterließen Spuren. Im 14. Jahrhundert erfolgte der Umbau zu einer Hallenkirche im gotischen Stil, wobei man sich allerdings am alten Grundriß orientierte.

Im Mai 1489 erhielt die Kirche durch Erzbischof Ernst von Sachsen eine erneute Weihe. Als dann sein sächsischer Verwandter Moritz gut fünfzig Jahre später mit seiner Streitmacht vor Magdeburg erschien, zogen die Verteidiger vorsorglich schon mal einige Kanonen auf die Türme der Kirche. Und das hielten die glatt aus.

Während der Reformation wurde das katholische Stift nahezu problemlos in ein protestantisches umgewandelt. Der Schriftsteller, Dramatiker und Pädagoge Georg Rollenhagen wirkte ab 1573 als Erster Prediger. Mehr als dreißig Jahre übte der vielseitige Humanist, Rektor des Altstädtischen Gymnasiums und Verfasser des Tierepos' „Froschmeuseler" sowie des Stückes „Vom reichen Manne und vom armen Lazarus", seinen Einfluß aus.

Im Dreißigjährigen Krieg brannte die Kirche aus. Erst 1692 fanden wieder Gottesdienste statt. Nach der Säkularisierung des

Die Kathedralkirche St. Sebastian am Breiten Weg

Stifts 1810 fiel sein Besitz an den Staat. Das Langhaus wurde als Lager genutzt. Und als die Franzosen nach Magdeburg kamen, richteten sie darin eine Feldschmiede ein. Mit der Industrialisierung und der Stadterweiterung siedelten sich auch wieder Katholiken in Magdeburg an und suchten ein Gotteshaus. Seit 1876 war St. Sebastian katholische Pfarrkirche.

Im Zweiten Weltkrieg schwer getroffen, wurde sie jedoch schon bald wieder instand gesetzt und 1949, die innerdeutschen Grenzen waren längst gezogen (!), Katholische Bischofskirche eines Weihbischofs von Paderborn. Der mußte seinen Sitz allerdings in Magdeburg haben.

1994 wurde die Kirche zur Kathedrale des neuen katholischen Bistums Magdeburg erhoben. Mittlerweile entstanden ein neues Sakristeigebäude und ein Kreuzgang mit Kapitelfriedhof. Kostbares Inventar aus der alten Stiftskirche ist nicht mehr vorhanden. Dafür erhielten wertvolle alte Kunstwerke aus anderen Kirchen in der Magdeburger Bischofskirche einen würdigen Platz. Darunter befinden sich zwei gotische Marienaltäre und aus dem 15. Jahrhundert das lebensgroße Kruzifix.

Die sehenswerte Bronzetür des Westportals schuf im Jahre 1987 der Bildhauer Jürgen Suberg. Er gestaltete Szenen aus dem Alten und dem Neuen Testament. Und wie seine Eva ihr Gesäß keck heraus- und dem Betrachter entgegenstreckt, muß man schon gesehen haben!

Mit dem eindrucksvollen doppeltürmigen Bau im Westen, dem Querhaus und dem alten Plan haben sich in der Sebastianskirche ein paar wichtige Details aus der Zeit der Romanik erhalten. Da ist es nur folgerichtig, daß die Bischofskirche unmittelbar an der Straße der Romanik liegt.

Ernst-Reuter-Allee

An eine die Stadt in Ost-West-Richtung durchquerende Straße hatte Otto von Guericke gedacht, als er das zerstörte Magdeburg wieder aufbauen wollte. Drei Jahrhunderte mußten vergehen, bis seine Idee umgesetzt wurde. Die Voraussetzungen dafür schufen abermals Zerstörung und Krieg. Durch das große Flächenbombardement 1945 waren gerade im Zentrum viele Häuserzeilen ausradiert und Straßenzüge unterbrochen worden. Wohnraum wurde benötigt, und so machte sich der Magdeburger Chefarchitekt Johannes Kramer daran, eine völlig neue, den Breiten Weg und die Otto-von-Guericke-Straße durchschneidende Magistrale zu bauen. Repräsentativ sollte sie sein, und mit den Moskauer Großbauten und dem „Zuckerbäckerstil" der Stalinallee war auch schon die Richtung vorgegeben.

So entstanden in den fünfziger Jahren reichgegliederte und mit Fassadenschmuck versehene Fünf- und Achtgeschosser. Sie wurden in traditioneller Bauweise errichtet und waren gut ausgestattet. Wer hier eine Wohnung hatte, war privilegiert oder hatte unglaubliches Glück. Im Erdgeschoß befanden sich große Geschäfte. Daß sich eine derart repräsentative Straße, die anfangs nach Stalin benannt war, später den Namen des ersten DDR-Präsidenten erhielt und Wilhelm-Pieck-Allee hieß, auch hervorragend als Aufmarschplatz für Mai- und andere Großkundgebungen eignete, liegt auf der Hand. Daß Kirchen in einer solchen Umgebung das Bild stören und tonangebenden Funktionären ein Dorn im Auge sein würden, ebenso.

Aus diesem Grunde wurde die Pfarrkirche St. Ulrich und Levin am Morgen des 5. April 1956 gesprengt! Daß sie 1022 erstmals erwähnt wurde, damit die zweitälteste Kirche von Magdeburg und für das geistige Leben und die Geschichte der Stadt von herausragender Bedeutung war, interessierte in diesem Zusammenhang nicht.

Bedingt durch ihre Lage war die Ulrichskirche die reichste Kirche von Magdeburg. Namhafte Persönlichkeiten gehörten zur Gemeinde; Georg Rollenhagen etwa, der Schulmann und Dichter, oder der Lehrer Martin Agricola, der die Notenschrift einführte. Zur Reformationszeit wurden im Hause des Pfarrers Streitschriften verfaßt und reichsweit versandt. „Unseres Herrgotts Kanzlei" nannte man Magdeburg deshalb, und Wilhelm Raabe, der Jahrhunderte später in Magdeburg Buchhändler war, verfaßte unter diesem Titel sogar einen Roman. In der Ulrichskirche traf man sich auch, um die „Magdeburger Zenturien", das Standardwerk der Reformation, zusammenzustellen.

Nach der Wende bekam die Wilhelm-Pieck-Allee einen neuen Namen. Die Ost-West-Magistrale wurde nach Ernst Reuter benannt. Reuter war von 1931 bis 1933 Oberbürgermeister von Magdeburg. Nach dem Krieg wurde er Bürgermeister von Westberlin.

In den neunziger Jahren hatte der Bau-Boom auch von Magdeburg Besitz ergriffen. Besonders an und im Umfeld der Ernst-Reuter-Allee wurde viel investiert und eifrig gebaut. 1997 öffnete das „City-Carré" seine Pforten. Ein Jahr später wurden das sich auf 250 Metern vom Breiten Weg zur Elbe hin erstreckende „Allee-Center" und das „Ulrichhaus" eingeweiht. Letzteres, ein viergeschossiges Büro- und Geschäftshaus, steht am ebenfalls neu geschaffenen Ulrichplatz, und beide wollen mit ihrem Namen an die Pfarrkirche erinnern. Von ihr gibt es ein Bronzemodell auf einem Sockel mit umlaufendem Schriftband, das Ereignisse und Daten kundtut.

Auch die denkmalgeschützten Bauten aus den fünfziger Jahren sind inzwischen saniert worden. Inmitten von so viel Modernem und Neuem bilden sie einen angenehmen Ruhepol und sind schon wieder ein Genuß.

Beim Gang durch die Ernst-Reuter-Allee stößt man zuweilen auf Tafeln mit dem Stadtwappen und Hinweisen auf zerstörte Straßen und Gebäude. Man nimmt zur Kenntnis, daß die westliche Grenze der mittelalterlichen Altstadt dort verlief, wo heute das Haus Nummer 26 steht. Am Nachbarhaus befindet sich kein Hinweis. Aber auf der anderen Straßenseite, am Rande der Grünanlage, steht ein Mädchen in Bronze mit Tulpenstrauß. In die Bronzeplatte daneben ist das Wohnhaus von gegenüber geritzt. Ein Kurztext gibt Auskunft, daß der Fliegerhauptmann der Roten Armee Igor Belikow am 13. März 1969 der vierjährigen Kathrin Lehmann das Leben gerettet hatte, als das spielende Mädchen im fünften Stockwerk des Hauses Wilhelm-Pieck-Allee 24 aus dem Fenster fiel. Der 28jährige Belikow war zu einer ärztlichen Untersuchung in Magdeburg gewesen und auf dem Weg zu seiner Garnison. Als er sah, was sich auf der anderen Seite anbahnte, rannte er hinüber, breitete seinen Mantel wie ein Sprungtuch aus und fing das Mädchen in letzter Sekunde darin auf.

Der Bildhauer Heinrich Apel hat dem ukrainischen Hauptmann und Magdeburger Ehrenbürger ein Denkmal gesetzt. Auf der linken Seite hält ein Vogel eine Schnur im Schnabel, an deren Ende ein Lot hängt. Die Zahl 22 nennt die Fallhöhe der Vierjährigen; der Vogelkopf ist Apels Signet. Wenn man Belikows Militärmantel sehen will, dann gehe man einfach um das Denkmal herum.

Ein sanierter sogenannter „Stalinbau" in der Ernst-Reuter-Allee

Nikolaikirche

St. Nikolaikirche in der Neustadt

Mit Kirchen, die dem heiligen Nikolaus geweiht wurden, hatten die Bewohner der Neustadt wenig Glück. Ihre Geschichte ist zu einem Gutteil auch die Geschichte ihrer Stadt. Der Grundstein für einen ersten Kirchbau wurde um 1150 in der heutigen Alten Neustadt gelegt. Als der Erzbischof gegenüber dem Kaiser einmal seinen bischöflichen Kopf durchsetzen wollte, erschien Otto IV. gleich mit einem Heer. Während der Kämpfe war die Neustadt im Wege und wurde deshalb samt Kirche in Schutt und Asche gelegt.

Eine zweite Nikolaikirche bekam Risse und mußte abgetragen werden. Die dritte bauten die Neustädter von vornherein etwas stabiler. Zeitgenössische Quellen verglichen sie mit der St. Katharinenkirche in der Alten Stadt Magdeburg. Die Weihe fand 1528 statt – da war Magdeburg bereits protestantisch. Keine fünfundzwanzig Jahre alt, wurde die Kirche während der Belagerung im Schmalkaldischen Krieg aus militärischen Überlegungen heraus niedergelegt. Die vierte Neustädter Nikolaikirche wurde 1585 geweiht und im 30jährigen Krieg getroffen.

Der Notzeit zum Trotz: Es wurde auch ein fünftes Mal gebaut. Am Palmsonntag des Jahres 1654 fand der Weihegottesdienst statt. Diese Kirche schaffte es nun bis ins übernächste Jahrhundert. Fast hätte sie auch noch die Franzosenzeit überstanden, aber Napoleon brauchte ein gutes Sicht- und Schußfeld. Sudenburg und Neustadt wurden dem Erdboden gleichgemacht, die Kirche sprengte man am 27. März 1813. Wer sein Grundstück verloren hatte, bekam ein neues zugewiesen. An der Straße nach Wolmirstedt bauten die „Hauslosen" ihre Neustadt neu. Und weil das ohne den Segen von oben nicht gut gehen kann, plante man den Bau einer Nikolaikirche für die Neue Neustadt.

Die napoleonische Zeit war inzwischen vorüber, und die Preußen waren in die Festung Magdeburg zurückgekehrt. Deshalb gewann man den Baumeister Karl Friedrich Schinkel für diese Aufgabe. Schinkels erster Entwurf war der Gemeinde zu kostspielig. Beim zweiten verweigerte der

Stadtkommandant seine Zustimmung. Die Türme waren zu hoch geplant. Aus ihren Schallöchern hätte der Feind bequem in die Festung geblickt. Der Plan wurde noch einmal überarbeitet, und am 10. Oktober 1824 läuteten die Glocken in den Türmen von „Nikolai sechs“.

Schinkels Kirche hatte zumindest für Preußen Vorbildwirkung und gehört zu den wenigen klassizistischen Baudenkmälern in Sachsen-Anhalt. St. Nikolai ist ein „monumentaler Putzbau in klaren kühlen Formen des Rundbogenstils mit östlichen Chorflankentürmen und halbkreisförmiger Apsis“, heißt es bei Dehio. In den Giebelfeldern über den drei Eingängen der Westfassade sind drei Inschriften angebracht: „Im Kriegsdrang zerstört 1813“, „Mit Gott durch Königshuld“ und „Im Frieden hergestellt 1824“. Die Inschrift über einem weiteren Portal müßte lauten: „Im Krieg erneut zerstört 1944“. Eine Sprengbombe hatte den Südturm getroffen und Dach und Tonnendecke aufgerissen. Während des Wiederaufbaus wurde das 7,50 Meter hohe Scheitelfenster der Apsis zugemauert. Ein in Sgraffitotechnik ausgeführtes Wandbild von Johl-Stendal („Durchbrecher aller Bande“) befindet sich seither an dieser zentralen Stelle.

Die lange vernachlässigte Schinkelkirche ist in den zurückliegenden Jahren schrittweise saniert worden. In der Kirche finden auch Konzerte statt. Bei einer solchen Gelegenheit kann man sich von der großartigen Akustik überzeugen und den mit zwei Emporen ausgestatteten, mit Säulen geschmückten und von einer hölzernen Tonne überwölbten Raum auf sich wirken lassen.

Fürstenwall

Er hatte den Gleichschritt und den Ladestock in der preußischen Armee eingeführt und die Magdeburger mit einer Promenade beschenkt! Das allein würde schon ausreichen, um seinen Namen im Gedächtnis zu behalten! Fürst Leopold I. von Anhalt-Dessau, volkstümlich nur der „Alte Dessauer“ genannt, kam 1702 als Gouverneur nach Magdeburg und blieb hier fast ein halbes Jahrhundert. Als er ging, war Magdeburg zur stärksten preußischen Festung geworden, und sobald Gefahr drohte, begaben sich Kurfürsten und Könige samt Familie und Staatsschatz in ihren Schutz.

Elbseitig wurde die Stadt durch zwei Mauern geschützt. Den als Zwinger bezeichneten Zwischenraum ließ Fürst Leopold während des Ausbaus der Anlagen zuschütten und auf dem entstandenen Wall eine Promenade anlegen – die erste öffentliche Flaniermeile Deutschlands. Und die Magdeburger haben es ihrem Schöpfer gedankt! Die Anlage erhielt den Namen Fürstenwall.

Backsteinportal von 1493

1842 bis 1844 errichteter Verwaltungsbau am Vogteigarten

Von den fünf **Festungstürmen** existieren noch zwei. Der eine befindet sich gegenüber der 1431 errichteten hinteren Ausfahrt der Möllenvogtei und diente als Wasserkunst. 1631 zerstört und 1680 wieder aufgerichtet, erzählt auch er von der Geschichte der Festung und der Stadt. Nach 1820 gehörte der Turm zu einer benachbarten Bade- und Augenheilanstalt, was die Aussage der griechischen Inschrift (Wasser ist das Beste) hinreichend erklärt. Der Turm, seit 1931 als Wohnturm genutzt, wurde wie die Gebäude daneben im Zweiten Weltkrieg getroffen.

Der andere Festungsturm wird von den Magdeburger scherzhaft „Kiek in de Köken“ genannt. Von seinen Zinnen konnte der Wachposten direkt in die erzbischöfliche Küche und dem Leibkoch auf die Finger und in den Topf gucken. Der im Kern mittelalterliche Turm diente – 1936 überformt – als nationalsozialistische Weihestätte.

Eine Treppe führt in den **Garten der Möllenvogtei**. Möllen hießen die Beamten mit richterlichen Befugnissen, die sich der „weltlichen Aufgaben“ im Erzbistum annahmen. Der Vogteigarten wurde bereits 1372 erwähnt. Damit dürfte er Magdeburgs älteste noch existierende gärtnerische Anlage sein. Ursprünglich befand sich hier auch ein Hafen. Der wurde nach 1632 aufgegeben, im 19. Jahrhundert vom preußischen Oberpräsidenten aber noch einmal belebt. Dessen stattliches **Dienstgebäude (Fürstenwallstraße 20)** begrenzt den Vogteigarten nach einer Seite hin. Der viergeschossige Verwaltungsbau wurde zwischen 1842 und 1844 erbaut. Neben dem Eingang leuchtet das Schild mit dem Bundesadler. Hier hat das Wasser- und Schiffahrtsamt Magdeburg seinen Sitz, und das regelt auch den Schiffsverkehr auf der Elbe zwischen Hamburg und Decin.

In den zum Wall hin gelegenen Mauerbögen fanden aus dem Kriegsschutt geborgene **Großplastiken** einen würdigen Platz, darunter eine Madonna aus dem 15. Jahrhundert, eine Apollon-Figur vom barocken Portal des Schloßcafés am Breiten Weg und ein Petrus mit Brandspuren ohne Schlüssel und Kopf. Vom Vogteigarten führt der Weg steil bergan. Das spitzbogige **Backsteintor** stammt von 1493 und ist das einzige aus dem Mittelalter erhalten gebliebene Tor.

Der am Anfang des Fürstenwalls befindliche **Park** wurde 1890 von dem Gartenbaudirektor Johann Gottlieb Schoch auf dem Gelände der ehemaligen Bastion Cleve geschaffen. Schoch fühlte sich offenbar zu einer solchen Anlage herausgefordert, denn in unmittelbarer Nähe baute man schon eifrig am Palais für den preußischen Generalkommandanten, und die palastähnlichen Häuser an der Augusta-, der heutigen Hegelstraße, wuchsen auch schon empor. Da brauchte es nur noch einen attraktiven öffentlichen Park!

Das am höchsten Punkt errichtete **Siegesdenkmal** stand da aber bereits. Seit 1878 erinnert es an die Reichsgründung und an die Kriege von 1866 und 1870/71. Die Büsten von Moltke und Bismarck, von Kronprinz Friedrich und Wilhelm Eins blikken staatstragend und bedeutungsvoll in die Ferne, und das Mädchen im Wappen winkt gleich auf zwei Seiten von den Zinnen der Stadt.

Palais am Fürstenwall

In der Hegelstraße fühlt man sich nach Paris versetzt! Kein Wunder: Beim Anlegen der nach 1877 entstandenen Prachtstraße hat man sich sehr bewußt am französischen Vorbild orientiert. Die Rekonstruktion der denkmalgeschützten Straße erfolgte zu Beginn der neunziger Jahre des vergangenen Jahrhunderts. Dabei wurden weder die historischen Pumpen und Kandelaber, noch die Vorgarteneinfriedungen, Bäume und Gehwegmosaiken vergessen. Die vom Domplatz zur Harnackstraße führende Allee lädt zum Flanieren und Schauen ein. Hier befinden sich zahlreiche repräsentative Bauten, deren Äußeres von Neorenaissance und -barock bestimmt ist und deren prachtvolle Innenausstattung man ahnt.

Das attraktivste Gebäude ist das Palais am Fürstenwall (Hegelstraße 42). Es entstand nach einem Entwurf des Magdeburger Architekten Paul Ochs zwischen 1889 und 1893. In ihm residierte der Generalkommandant des IV. preußischen Armeekorps, der von 1903 bis 1911 Paul von Hindenburg hieß. Wenn der Kaiser und die Kaiserin nach Magdeburg kamen, logierten sie hier. Nach dem Ersten Weltkrieg und des Kaisers Flucht zog die Finanzbehörde in den Prunkbau ein. Gegen Ende des Zweiten Weltkrieges nahmen zunächst die Amerikaner das Gebäude in Besitz, ab 1. Juli richtete sich die sowjetische Militärverwaltung hier ein.

Die längste Zeit, von 1949 bis 1990, diente das Gebäude aber als „Haus der Gesellschaft für Deutsch-Sowjetische Freundschaft“, das bekanntlich in keiner ostdeutschen Großstadt fehlen durfte. Im Juni 1953 erhielt das „Haus der DSF“ noch einen Namenszusatz und hieß fortan: „Erich Weinert“. Der ein paar Wochen zuvor verstorbene Dichter stammte aus Magdeburg-Buckau.

Als begnadeter Sprechdichter war Weinert vor 1933 sehr oft bei Arbeiterversammlungen aufgetreten. An ihn und an den Dramatiker Georg Kaiser, einem anderen Magdeburger, erinnert eine Dauerausstellung im „Literaturhaus Magdeburg“ (Thiemstraße 7). Der mit vielen Talenten ausgestattete Weinert ging, wie Kaiser, ins Exil. 1945 kam er

Prächtig gestaltetes Foyer im Palais am Fürstenwall

aus Moskau zurück. Daß er während seines Militärdienstes im Jahre 1911 vor Hindenburgs Dienstsitz gelegentlich Posten gestanden hatte, war für die damalige Namensgebung aber gewiß ohne Belang!

Das dreigeschossige Gebäude, das zur Hegelstraße hin allerdings nur zwei Geschosse besitzt, hatte Paul Ochs im Stile der italienischen Hochrenaissance entworfen. Es erinnert an einen prunkvollen Palazzo und war immer (die Finanzpolitiker eingeschlossen) ein „Haus mit politischen Inhalten".

Heute dient das Palais am Fürstenwall als Staatskanzlei und als Dienstsitz des Ministerpräsidenten von Sachsen-Anhalt. Vorangegangen war eine mehrjährige aufwendige Restaurierung, bei der über zweitausend Quadratmeter Wand- und Deckenfläche freizulegen und zu bearbeiten war. Von dem langjährigen „Vormieter" aus DDR-Tagen war vieles übermalt, überklebt und entfernt worden. Liebevoll saniert und restauriert, zeigt sich das Palais jetzt auch im Inneren wie ein toskanisches Kleinod von hohem kunsthistorischen Wert.

Im alten Glanz ist auch der Festsaal wiedererstanden. Florentinischen Fresken nachempfundene Malereien schmücken die Decke. Im Salon ist der Sieg von 1870/71 dargestellt. Und dort, wo sich der Kaiser und die Kaiserin Gute Nacht sagten (heute Zimmer 110 und ohne Bett) sieht man sich mit einem Deckengemälde zum Thema „Tag und Nacht" konfrontiert. Da wüßte man schon ganz gern, wie es sich unter einem solchen Bild und als Kaiser neben Ihrer Hoheit Augusta Victoria schlief.

An der Elbuferpromenade

Wer in früherer Zeit in Magdeburg Bäkker und Bierbrauer war, dem ging es gut! Die nahe fruchtbare Börde war schon immer ein Zentrum des Getreideanbaus. Die Stadt hatte das Stapelrecht, und so veredelte man das Korn gleich vor Ort. Dafür bedurfte es natürlich der Müller, und die mahlten in Magdeburg auch ohne ein Lüftchen ihr Korn!

Eine Schiffmühle auf der Elbe stand schon 1297 am Welschen Turm. Eine Ratsmühle ist aus dieser Frühzeit ebenfalls verbürgt. Und auf alten Stichen liegen gleich ein, zwei Dutzend solcher Mühlen angekettet nebeneinander auf dem Strom. Als die „Magdeburger Dampfschiffahrts-Companie“ 1837 gegründet wurde, beschwerte sie sich umgehend über die Existenz von fünf Mühlen am Petriförder. Und als die Kettenschleppschiffahrt von Hamburg nach Aussig so richtig in Gang kam, entwickelten sich die Mühlen im Strom zu einem bedrohlichen Hindernis. Die letzte Magdeburger Schiffmühle wurde 1874 abgerissen.

Damit der Berufsstand des Schiffmüllers und vor allem die technische Seite nicht in Vergessenheit geraten, rekonstruierte die Otto-von-Guericke-Gesellschaft die Mühle von 1874 samt Mahlwerk. Nun ragt sie am Petriförder aufgebockt in den Strom.

Ein Stück weiter legt sich ein steinerner Fährmann kraftvoll ins Zeug, und fünf Reliefs des 1980 verstorbenen Magdeburger Bildhauers Eberhard Roßdeutscher zeigen Magdeburger Geschichte und Persönlichkeiten. Die in den siebziger Jahren des vorigen Jahrhunderts angelegte Elbuferpromenade ist schon der Nähe zum Strom wegen ein bevorzugter Spazierort. Boote und Ausflugsdampfer fahren vorüber, und Güterschiffe in Schubverbänden machen Magdeburg zu einer Stadt auf dem Weg zum Meer.

Neben Plastiken aus der Entstehungszeit der Promenade ragen gelegentlich auch Reste des elbseitigen Befestigungsringes auf. Diese und die Kanone auf der zweirädrigen Lafette sollen an den Einfall Tillys und die fast vollständige Zerstörung der Stadt erinnern. Das 2 665 Kilogramm schwere Geschützrohr forderte der Kurfürst Friedrich Wilhelm von Brandenburg 1669 als Huldigungsgeschenk von der Stadt. Diese „Halbe Kartaune“ fand im Berliner Zeughaus ihren Platz. Ein ganz passabler Abguß kam 1974 nach Magdeburg zurück.

Radfahrer, die auf dem Elberadweg daherkommen, ziehen die Bremsen, sobald sie das Schild vor der Lukasklause sehen. Hier befindet sich das Otto-von-Guerikke-Museum, und der hat, bevor er mit den Halbkugeln experimentierte, die Luftpumpe erfunden und sie auf dem Reichstag zu Regensburg dem Kaiser vorgeführt.

Festungsmauer mit „Magdeburger Rohr“

Die „Württemberg“ im Stadtpark Rotehorn

Stadtpark Rotehorn

Man muß einem Magdeburger in die Augen und auf den Mund sehen, wenn er von seinem Stadtpark zu schwärmen beginnt! Und sobald man diese Parkinsel betreten und ihre Anlagen gesehen hat, teilt man die Begeisterung und kommt von diesem Park nicht mehr los.

Der Rotehornpark bildet den südlichen Teil einer langgestreckten Insel. Sie nimmt die Elbe auf fünf Kilometer in ihre Arme. In nördlicher Richtung verläuft der Werder mit Zollelbe und Winterhafen. Beim Kilometer 323 teilt sich der Fluß. Dort beginnt der Rotehornpark, der zur Linken von der Stromelbe und zur Rechten von der Alten Elbe begrenzt wird. Der Name des Parks geht auf eine alteingesessene Magdeburger Familie zurück, die hier einen „Hagen" besaß, der vielleicht nur eine Wiese war. Aus diesem Hagen der Rotes wurde dann irgendwann das Rotehorn.

Den städtischen Gartenbaudirektor Paul Niemeyer muß die Lage im Strom so begeistert haben, daß er einen Plan entwarf und 1871 damit begann, erste Gehölze anzupflanzen und Wege anzulegen. Unter seinen Nachfolgern wurde der Park bis an die Alte Elbe ausgedehnt. Aus der Tauben Elbe entstand ein See. Und da ein gewisser Adolf Mittag – nebst Gattin – gerade eine sehr beachtliche Summe für die Verschönerung des Stadtparks gestiftet hatte, setzte man noch zwei Inseln in den See. Der bekam dann auch gleich den Namen des Stifters und eine der Seeinseln den seiner Frau. Ein Tempelchen steht auf der Marieninsel, schön anzusehen, über eine Bogenbrücke zu erreichen und im Jugendstil.

1922 wurde der Sternbrückenzug eingeweiht. Nun kam man auch zu Fuß leicht von der Stadt in den Park. Es war die Zeit des „Neuen Bauens", und Männer wie Bruno Taut oder Paul Mebes setzten Akzente. Vier Ausstellungshallen wurden errichtet.

1927 sollte die „Deutsche Theater-Ausstellung" in Magdeburg stattfinden. Und weil man Gäste aus aller Welt erwartete, wurde nach den Plänen von Johannes Göderitz eine Stadthalle gebaut – in nur 249 Tagen! Über einer Pfahlgründung entstand eine Stahlskelettkonstruktion, 100 Meter lang, 50 Meter breit und 22 Meter hoch. Sie wurde mit Klinkern ausgemauert und bot zu ihrer Eröffnung 3 300 Menschen Platz. Die Konzertorgel war mit 10 000 Pfeifen und 131 Registern eine der größten weltweit. Auch der 60 Meter hohe Aussichtsturm

Parkidylle mitten in der Großstadt

Das Pferdetor von 1927 neben der Stadthalle

Von hier hat man einen guten Blick auf zwei Brücken, die der Stolz der Magdeburger sind: die Sternbrücke und die Hubbrücke. Eine 1914 bis 1922 erbaute Brükke bekam den Namen des ersten Präsidenten der jungen Weimarer Republik. 1933 von Ebert- in Hitlerbrücke umbenannt, wurde sie bei Kriegsende von der Wehrmacht zerstört. Die landseitigen Reste zu beiden Seiten erinnerten noch weit über fünfzig Jahre an diesen Verlust. Am 1. Mai 2000

wurde eigens für diese Theaterausstellung errichtet und begeistert den Besucher des Stadtparks noch heute. Der Turm ruht auf 89 Betonpfählen, die auf einer Fläche von 12 mal 12 Metern neun Meter tief ins Erdreich getrieben worden sind. Und wenn man das vergessen kann, ist der Ausblick ein Genuß!

Den Turm entwarf der Architekt Albinmüller, von dem auch das aus Klinkern errichtete Pferdetor stammt. Als es 1927 eingeweiht wurde, war der Seitenradschleppdampfer „Württemberg“, der in Höhe der Stadthalle auf Land liegt, schon achtzehn Jahre auf der 668 Kilometer langen Strecke zwischen Hamburg und Aussig unterwegs, immer fünf, sechs mit 3 600 Tonnen beladene Lastkähne im Schlepp.

1974 ging der 1909 auf der Werft in Roßlau gebaute Schleppdampfer in Ruhestand. Ein Hochwasser nahm ihn noch einmal mit. Als das Wasser zurückging, lag die „Württemberg“ beim Elbkilometer 325 auf der Wiese vor der Stadthalle. Und dort steht sie noch immer, schön herausgeputzt allerdings und ein richtiges Museumsschiff!

wurde an dieser Stelle die Sternbrücke eingeweiht, die den Rotehornpark wieder mit der anderen Stadtseite verbindet.

Die Hubbrücke ist ein außergewöhnliches technisches Denkmal. Für die Eisenbahnlinie nach Berlin war die Brücke im 19. Jahrhundert mit einem Drehpfeiler ausgerüstet worden. Diese Konstruktion ersetzte ab 1895 eine 33 Meter lange Hubbrücke, die – hochgezogen – die Schiffahrt nicht behinderte. 1934 wurde sie gegen ein 90 Meter langes Hubjoch ausgetauscht. In fünf Minuten wurde das vierhundert Tonnen schwere Joch auf knapp drei Meter angehoben. Inzwischen ist auch diese Brücke, die eine der ältesten Spezialbrücken des Kontinents ist, im „Ruhestand“.

Am Rande des Rotehornparks entstand in unmittelbarer Nachbarschaft zur Hubbrükke zwischen 1996 und 1998 das Landesfunkhaus des Mitteldeutschen Rundfunks. Die Westfassade des Gebäudes öffnet sich zur Altstadt hin – und es dürfte wohl kein zweites Funkhaus geben, aus dessen Fenstern man gleichzeitig auf einen Dom und auf einen Strom sehen kann.

Klosterbergegarten

Eine poetischere Bezeichnung für eine Parkanlage läßt sich kaum denken. Und der Name gibt auch gleich die wichtigsten Fakten preis: An dieser Stelle befand sich das Kloster St. Johannis auf dem Berge, das im Zuge des Dombaus unter Otto dem Großen gegründet worden war. Es diente den Benediktinermönchen des Moritzklosters als neue Heimstatt, und der Kaiser selbst hatte bei dem Umzug im Jahre 965 die Hände im Spiel.

Das Kloster existierte bis zum Jahre 1810 und wurde dann abgebrochen. Nach Plänen des Landschaftsarchitekten Peter Joseph Lenné entstand ein den alten Klostergarten mit einbeziehender und bis an die Elbe reichender Volkspark, der auch jenen Freude, Vergnügen und Erholung bieten sollte, „welche die Zeit oder die Fuhrkosten nach entfernten Lustorten nicht aufzuwenden“ vermochten. Es war eine gesellige Zeit, und die verlangte auch nach einem „Gesellschaftshaus“. Den Entwurf dafür lieferte Karl Friedrich Schinkel. Von Friedrich Wilhelm Wolff wurde das Haus, etwas „abgespeckt“, in den Jahren 1828/29 erbaut. Der klassizistische Putzbau (Schönebecker Straße 129) besitzt einen über zwei Geschosse reichenden Festsaal und war von vielen Wegeachsen des Klosterbergegartens aus zu sehen.

Durch die städtebauliche Entwicklung und das Anlegen einer Eisenbahntrasse wurde der Landschaftspark später zerschnitten

Von Schinkel entworfenes Gesellschaftshaus im Klosterbergegarten

und existiert heute im wesentlichen nur noch in einem elbseitig gelegenen, zehn Hektar großen Kernbereich (früher 30 Hektar).

Vom Klosterbergegarten führt die am 1. Mai 2000 wiedereröffnete und nur Fußgängern und Radfahrern vorbehaltene Sternbrücke über die Stromelbe und in den Stadtpark Rotehorn. Wie ein „Blaues Wunder“ ragt die historische Hubbrücke zur Linken auf, und dahinter erstreckt sich die Altstadt mit ihren Türmen und ihrem wichtigsten Wahrzeichen, dem Dom. Am Südrand der Anlage befinden sich die „Gruson-Gewächshäuser“.

In Grusons Gewächshäusern beeindrucken nicht nur riesige Palmen ...

Gruson-Gewächshäuser

An seiner Wiege war es dem 1821 geborenen Hermann Jacques Gruson wahrlich nicht gesungen worden, daß er dereinst den Hartguß erfinden, Geschütztürme herstellen und der berühmteste Sukkulenten- und Kakteensammler Europas werden sollte!

Als junger Mann hatte er in Berlin bei August Borsig gearbeitet und dessen exotische Pflanzensammlung kennengelernt. Wieder in Magdeburg, versuchte Gruson, dem väterlichen Freund nachzueifern. Schon bald besaß er seltene Exemplare aus Süd- und Mittelamerika, aus Afrika und dem Mittelmeerraum. An der Marienstraße, in deren Umfeld seine Fabriken lagen, ließ Hermann Gruson Gewächshäuser errichten. Sein Obergärtner Albert Mathsson mußte forschend durch Mexiko reisen und expedierte von dort eine Kiste nach der anderen mit unbekannten Kakteenarten nach Magdeburg-Buckau. Die Sammlung wuchs beständig und wurde als „reichhaltigste und vornehmste des Kontinents“ gepriesen. Nach Grusons Verständnis gehörte eine solche Sammlung in den öffentlichen Raum. Als er 1895 starb, ging sie in den Besitz der Stadt über. Am 13. April 1896 öffneten am Rande des Klosterbergegartens die „Gruson-Gewächshäuser“ ihre Pforten.

Magdeburg wurde zu einem „Mekka der Kakteenliebhaber“. Bis heute hält diese Popularität der im Krieg schwer beschädigten Anlagen unvermindert an. In den Schauhäusern wird der Reichtum exotischer Pflanzen offenbar, und man staunt über die Vielfalt der Formen und Farben. 350 Pflanzengattungen in gut dreitausend Arten können besichtigt werden, darunter auch exotische Nutzpflanzen, die bei uns Früchte tragen und natürlich die „Königin der Nacht“. Im Palmenhaus muß man unbedingt die 24 Stufen zur Brücke hinaufsteigen, Einige Farne und Palmen stammen noch aus der Gründungszeit. Bemerkenswert ist der unter Artenschutz stehende Bootfarn; deutschlandweit gibt es kein größeres Exemplar. Im denkmalgerecht rekonstruierten Tropenhaus befindet sich ein Meerwasserbecken, vor dem jung und alt begeistert stehen.

Mit den Goldkugelkakteen im Kakteenhaus hat es eine besondere Bewandtnis. Sie tragen Grusons Namen (Echinocactus grusonii) und sind volkstümlich als „Schwiegermutterstuhl“ bekannt. Das größte Exemplar hatte Gruson, der täglich viele Stunden studierend und vergleichend „mit seinen Lieblingen“ verbrachte und nachts sogar von ihnen träumte, selbst wachsen sehen.

Seit 1975 gibt es in den Gruson-Gewächshäusern eine Botanik-Schule, die zweitälteste im Osten, und jeder Magdeburger Schüler war hier wenigstens einmal zu Gast.

Lotosblume im Victoria-Haus

Technikmuseum

Sobald man mit der Straßenbahn durch den Stadtteil Buckau fährt und sich als Ortsunkundiger zu erkennen gibt, rückt der Banknachbar näher an einen heran und beginnt unaufgefordert von Krupp&Gruson zu erzählen und von SKET. Er blickt aus dem Fenster und zeigt dem Fremden, was da und was dort gestanden hat, und was es längst nicht mehr gibt. Und wenn er aussteigt, knufft er ihm vielleicht den Oberarm und sagt: „Koleje“ und: „Mach‘s jut!“

Nichts hat die Stadt in den zurückliegenden eineinhalb Jahrhunderten in schwindelerregenderem Tempo verändert und ihre Menschen mehr geprägt, als diese drei! Das meiste davon ist heute Geschichte, und der kommt man im „Technikmuseum Magdeburg“ am besten auf die Spur.

Das Museum wurde am 12. Mai 1995 in der ehemaligen Produktionshalle 18 des Schwermaschinenbau-Kombinates „Ernst Thälmann“ (SKET) als Schaudepot eröffnet. Bis 1993 war in der unter Denkmalschutz stehenden Halle an der Dodendorfer Straße noch gearbeitet worden. In ihr hatte 1871 der Hartguß-Erfinder Hermann Gruson die Produktion im großen Stil aufgenommen. Zu jener Zeit wurden vor allem Panzerplatten und Geschütztürme gegossen. Ein Modell veranschaulicht, wie das vonstatten ging.

Den Gruson-Bock mit dampfbetriebenem Laufkran kann man auch in der Halle sehen. Der Kran hob die tonnenschweren Geschütztürme und Lafetten aus der Gußform. In diesem Teil der Halle hat der Boden noch das historische Holzpflaster. Ausge-

Auch glänzende Oldtimer fehlen nicht im Technikmuseum Magdeburg

stellte Maschinen zeigen, wie man vor 1900 produzierte und wie danach.

Auch von der Geschichte namhafter anderer großer Unternehmen erzählt das Technikmuseum. Zu den Großexponaten (innen) gehören eine stationäre Dreschanlage, Magdeburgs erste elektrische Straßenbahn (1899) sowie eine transmissionsbetriebene mechanische Werkstatt. 1938 wurde das Schiffshebewerk in Rothensee von der Krupp-Gruson-AG Magdeburg-Buckau gebaut. Ein Modell führt vor, was da tatsächlich im Verborgenen passiert.

Ein großer Ausstellungsbereich ist der Entwicklung und Darstellung des städtischen Handwerks gewidmet. Der Jacquard-Bandwebstuhl wird im Vorführbetrieb präsentiert. Und wer Borten, Tressen, Fransen, Schnüre und Litzen liebt, der kann sich auch gleich noch über die Umspinnmaschine zur Herstellung von Biesen informieren, die in der Posamentenwerkstatt steht. Walter Frisch gründete 1888 am Breiten Weg 117 eine solche Werkstatt. Von 1927 ab firmierte das florierende Unternehmen als Frisch&Wiermann. Auch nach dem Zweiten Weltkrieg war die Auftragslage sehr gut. Man belieferte Polstereibetriebe, Fahnennähereien, Museen, Dekorateure und sämtliche Theater der DDR.

Elbauenpark

Als die 25. Bundesgartenschau, die weit über eine Million Besucher angelockt und begeistert hatte, im Oktober 1999 zu Ende ging, konnten sich die Magdeburger schon wieder freuen! Im Jahr darauf wurde das auf dem Kleinen und Großen Cracauer Anger gelegene Ausstellungsgelände unter dem Namen „Elbauenpark Magdeburg“ neu eröffnet!

Natur und stadtnahe Erholung, Kunst, Unterhaltung und Sport sind in diesem Park, der größtenteils auf einem noch bis 1993 von der Roten Armee genutzten Gelände entstanden ist, auf faszinierende Weise zusammengebracht worden. Hier werden sämtliche Sinne angesprochen.

Man findet duftende Blumen wie in einem großen Garten, Baumhaine, Blickachsen, Wiesen, Wasser, Alleen. Aus ehemaligen Schießwällen entstanden Spielplätze für Kinder. Es gibt einen Kletterfelsen aus Balkonteilen von Plattenbauten, eine Seebühne, das Spielhaus, den Pappeldom. Im Rosengarten auf dem Kleinen Anger werden mehr als 300 Sorten gezeigt, und wenn man die Wälle auf dem Großen Anger betritt, findet man sich wieder inmitten von Stauden und einer überwältigenden Farbenpracht.

Wer den Elbauenpark regelmäßig besucht, hat natürlich einen Blühkalender am Spiegel oder im Kopf: Im April und im Mai das Maßlieb sowie Goldlack, Narzisse, Ranunkel und Mandelbaum; Ziertabak und Astilben im Sommer, Wildstauden, Wiesen, Rosen und Phlox, im Herbst dann Astern und Dahlien, Fettblatt, Gräser, Rose und Heidekraut.

Für Abwechslung sorgen auch die fünfzehn beliebten Themengärten. Im „Garten der Besinnung“ sitzt man wie in einem Klosterhof. Schon durch die Auswahl der Farben und Materialien fühlt man sich im „Garten der Musik“ an harmonische Dreiklänge und an Georg Philipp Telemann erinnert. Der „Garten der Macht“ wiederum schlägt mit seinen hoch aufragenden weißen Säulen und Kegeln die Brücke zu Otto dem Großen und zu Magdeburg als „drittem Rom“.

Eines der aufregendsten „Großprojekte“ des entstehenden BUGA-Geländes war die Sanierung der 1993 geschlossenen Hausmülldeponie „Cracauer Anger“. Diese

Der Jahrtausendturm im Elbauenpark

achthundert Meter lange und sechshundert Meter breite Erhebung wurde mit einer Oberflächenabdeckung versehen und rekultiviert. Auch stillgelegte Mülldeponien entfalten ein erstaunliches Innenleben und produzieren Gas. Das zur „Energie-Einsparung“ zu nutzen, plante man gleich mit: 73 „Gasbrunnen“ wurden installiert, fünfzehn Kilometer Rohrleitung im Deponiekörper verlegt. Durch die wird heute das Biogas abgesaugt, in Sammelstationen geleitet und von dort in das nahe Blockheizkraftwerk transportiert, wo es in Wärmeenergie umgewandelt wird. Damit können derzeit das Erlebnisbad „Nautica“, Einrichtungen des Elbauenparks sowie die Hallen der Messe Magdeburg, die sich in unmittelbarer Nachbarschaft befindet, beheizt werden. Der Vorrat wird auf neun Millionen Kubikmeter geschätzt und dürfte noch einige Jahre reichen.

Auf der Deponie gibt es einen Aussichtspunkt. Von dort blickt man über den Großen und den Kleinen Cracauer Anger und hinüber zur Stadt. Wer sich den Abstieg erleichtern möchte, muß den „Schlitten“ nehmen. Die Sommerrodelbahn ist 450 Meter lang, und nach den ersten Schrecksekunden saust man bereits in die Zielgerade und das Prikkeln ist schon wieder vorbei. Eine Fahrt mit der Panoramabahn dauert hingegen deutlich länger. Die schwebt vier Meter über dem Boden und an einigen Stellen sogar sechs. Die Fahrzeit beträgt siebzehn Minuten, es sei denn, man verläßt den Zug schon am Bahnhof „Turm“.

Von hier sind es nur wenige Schritte zum Jahrtausendturm. Ganz aus Holz geschaffen, ist er mit seinen 60 Metern nicht nur der höchste, sondern mit Gewißheit auch der kurioseste Holzturm der Welt. Sein Schöpfer heißt Johann Peter Straub, ist Bildhauer und Maler und kommt aus der Schweiz. Im Inneren des Turmes wird der Besucher mit Forschern und Erfindern bekannt gemacht, unter ihnen natürlich auch Otto von Guerikke. Auf fünf Ebenen erlebt man eine Zeitreise durch sechstausend Jahre Wissenschafts- und Technikgeschichte, voller Spannung und Faszination. Wer „oben“ und damit bei Makrokosmos, Mikrokosmos und in der Gegenwart angekommen ist, der kann sich mit einem Panoramablick belohnen, ehe er den Rückzug über die 450 Meter lange Außenrampe antritt.

Der Herrenkrug

„Wenn ich nicht zu Hause bin, so bin ich im Herrenkruge!“, lautete die Nachricht, die August Wilhelm Francke für mögliche Besucher hinterließ. Francke, der von 1817 bis 1848 Magdeburger Bürgermeister war, tat viel für die Verschönerung der Stadt und ihrer Umgebung. Der Herrenkrugpark war sein liebstes Kind!

Der in der nördlichen Elbaue gelegene Landschaftspark erstreckt sich auf altem städtischen Besitz. Hier hatten die Ratsherren Wald und Wiesen, und weil es sommers recht angenehm war, baute man das Wächterhäuschen zum Wirtshaus um. Zwischen 1780 und 1790 gab es die ersten planmäßigen Alleen. Nach Franckes Amtsantritt entstand ein von Johann Andreas Clemens entworfener „Volkspark“. In den dreißiger Jahren des 19. Jahrhunderts wurde auch Peter Joseph Lenné herangezogen. Nicht alles, was er skizzierte, kam jedoch zur Ausführung. In den folgenden Jahren wurde die Anlage schrittweise zu einem in sich geschlossenen englischen Landschaftspark ausgebaut. Wo einst das Wirtshaus und nach diesem das Schützenhaus der Pfälzer Kolonie gestanden hatte, erhob sich ab 1844 ein Gesellschaftshaus. Unter dem verdienstvollen Gartendirektor Paul Niemeyer erhielt der Park zwischen 1863 und 1890

Mediterranes Flair vor dem „Herrenkrug Parkhotel"

seine heutige Gestalt. Längst verbrachten hier Magdeburger aller Bevölkerungsschichten viele erholsame Stunden.

Am 14. Juli 1886 verkehrte erstmals eine „Dampftrambahn" von der Friedrichstadt zum Herrenkrug. Ein Jahr später wurde der Grundstein für ein „Neues Gesellschaftshaus" im Schweizer Stil gelegt. Schon ab 1838 gab es im Herrenkrug Pferderennen und ab 1887 auch eine Pferderennbahn. Als sich dann 1906 der Magdeburger Rennverein gründete, kam der Sport richtig in Schwung. Und wenn im Herrenkrug Renntag war, mußte man hin! Im August wurde unter der Schirmherrschaft des Kronprinzen alljährlich ein Hindernisrennen veranstaltet. Es war das größte Herrenreiten der Welt. Der begehrte „Kronprinzenpreis" wurde 1913 zum letzten Mal vergeben.

Durch die Einbeziehung der Elbwiesenlandschaft wurde der historische Landschaftsparks noch um einen weitläufigen Wiesenpark erweitert. Diesen Teil des Herrenkrugs nutzte bis Anfang der neunziger Jahre des vorigen Jahrhunderts die Rote Armee. Inzwischen sind die Anlagen in alter Schönheit wiedererstanden. Was an Gebäuden Krieg und Nachkriegszeit überdauert hat, wurde liebevoll saniert. 1994 eröffnete das „Herrenkrug Parkhotel".

Die Pferderennbahn und der Herrenkrug mit seinem vielfältigen Baumbestand, seinen Wiesen, Wegen und eindrucksvollen Alleen, ist heute wieder ein beliebtes Ausflugsziel. Der Löwe im Park wurde 1845 aufgestellt und war ein Dank des Buchdruckers Faber an den Bürgermeister Francke, der wie ein Löwe für diesen Volkspark gekämpft hat. Die steinerne Bank am Rondell mit der Inschrift „FUER FAULE" stammt noch aus dieser Frühzeit.

An der Endstelle der Straßenbahn steht ein ebenfalls restauriertes Wartehäuschen mit Fachwerkaufbau. Wer nicht mit der Bahn zurückfahren will, der kann zur Anlegestelle der Weißen Flotte wandern oder auf der 650 Meter langen Hängebrücke die 250 Meter breite Elbe überqueren.

Wasserstraßenkreuz

Bei Magdeburg werden noch Träume wahr! Ein großer ging am 10. Oktober 2003 in Erfüllung. An diesem Tage wurde das Wasserstraßenkreuz Magdeburg eingeweiht. Bis dahin mußten die von Braunschweig, von Hannover und (über den Elbe-Seiten-Kanal) auch von Hamburg auf dem Mittellandkanal ankommenden Schiffe im Schiffshebewerk Rothensee „absteigen", um dann auf dem zwölf Kilometer langen Umweg durch die Schleuse Niegripp in den Elbe-Havel-Kanal wieder „einzusteigen".

Der neuralgische Punkt dieser Ost-West-Verbindung war der Wasserpegel der Elbe. Während der Sommermonate herrschte oft wochenlang Niedrigwasser, so daß die Schiffe festlagen oder ein Teil ihrer Fracht umgeladen werden mußte, um wieder flott zu kommen. Das Auflösen der Schubverbände kostete zusätzlich Zeit und Kraft. Außerdem paßten in den Trog der Schleuse Rothensee nur Schiffe von maximal 82 Meter Länge.

Das alles gehört seit jenen Oktobertagen der Vergangenheit an. Durch eine 918 Meter lange Kanalbrücke wurde es möglich, die Elbe zu überqueren. Und wer jetzt mit dem Schiff von Hannover über Magdeburg nach Berlin will, der fährt einfach weiter. Für die Kanalbrücke wurden 10 000 Tonnen Stahl und 70 000 Kubikmeter Stahlbeton verwendet. Die nutzbare Trogbreite beträgt 32 Meter, die Wassertiefe gut vier. Und selbst bei höchstem schiffbaren Wasserstand auf der Elbe bleiben dem unten Durchfahrenden immer noch gut sechs Meter Platz.

Die längste Kanalbrücke der Welt, das 1938 eingeweihte alte Schiffshebewerk sowie die neue Sparschleuse Rothensee, die Doppelsparschleuse Hohenwarthe und die Schleuse Niegripp kann man natürlich auf eigene Faust besichtigen. Ein besonderes Abenteuer ist jedoch die Fahrt mit einem Schiff der Weißen Flotte. Die beginnt am Petriförder und dauert reichlich vier Stunden. Dabei fährt man auf dem Mittellandkanal über die Brücke und auf der Elbe unter ihr hindurch, nachdem man siebzehn Meter Höhenunterschiede überwunden hat.

Trogbrücke über der Elbe

Stadtrundgang

Hauptbahnhof – Leiterstraße – Breiter Weg – Hauptpost – Breiter Weg – Park am Fürstenwall – Hegelstraße – Hasselbachplatz – Sternbrücke – Rotehornpark

Innen ein modernes Reisezentrum mit allem, was ein heutiger Bahnhof wohl so haben muß, wirkt der Magdeburger Hauptbahnhof vom Willy-Brandt-Platz her wie ein monumentaler Palast der italienischen Hochrenaissance. Im Krieg stark beschädigt, wurde er 1945 bis 1948 neuklassizistisch gestaltet, der Portikus im Jahre 1999 detailgetreu wieder hergestellt.

Durch die Hasselbachstraße zur Otto-von-Guericke-Straße und in die Leiterstraße vis-à-vis. Von ihrem alten Charme ist nach den Zerstörungen des Krieges nichts mehr zu spüren. Neuere Bauten prägen das Bild. In früherer Zeit verlief hier die Grenze zwischen der Alten Stadt Magdeburg und der Stiftsfreiheit. Den Brunnen, auf den man zwangsläufig zuläuft, schuf Heinrich Apel im Jahre 1986. Der Bronzekessel ist 7,20 Tonnen schwer, 1,90 Meter tief und hat einen Durchmesser von 3,20 Metern. 22 Figuren verströmen Sinnesfreuden. Und jede einzelne zu betrachten, bereitet Genuß! Das Portal mit den beiden Hermen an der Ecke befand sich ursprünglich am barokken „Schloßcafé" (Breiter Weg 30). Es wurde aus den Trümmern geborgen und später hier eingesetzt.

Breiter Weg 232

Am Breiten Weg wurde in den Jahren 1895 bis 1899 das respekteinflößende lange Gebäude der Hauptpost (Nr. 203-206) errichtet. Die Reichspostdirektion entschied sich dabei für eine Fassade im spätgotischen, niederländischen Stil. Damit dieser Repräsentationsbau errichtet werden konnte, mußten an jener Prachtstraße einige Vorgängerbauten erworben und abgerissen werden, darunter die Deutsch-reformierte Paulinerkirche und das Rochsche Haus. Letzteres, 1595 errichtet, galt als eines der schönsten mittelalterlichen Renaissancehäuser. Der neue Bauherr bekam kalte Füße und fügte, um die Gemüter zu beruhigen, eine Kopie von Giebel und Erker in die Fassade ein. Eine Tafel erinnert an Friedrich Wilhelm von Steuben. Der Berater George Washingtons, am 24. September 1730 in Magdeburg geboren, wurde in der Paulskirche getauft und liegt in Amerika begraben. Das Denkmal in Magdeburg ist ein Nachguß des Originals im Lafayettepark vorm Weißen Haus.

Von der Post hat man den besten Blick auf den Hundertwasserbau. Der Danzstraße jetzt über den Breiten Weg folgen. Das von Carl Echtermeyer geschaffene Immermann-Denkmal wurde zum 200. Geburtstag des Schriftstellers hierher gebracht. Auf den Reliefs sind Szenen aus dem Roman

„Oberhof“ verarbeitet. Die Danzstraße läuft auf den Park am Fürstenwall zu. An der Ecke ist ein von dem Schriftsteller Reinhard Gilsenbach angeregtes Denkmal für die aus Magdeburg vertriebenen und ermordeten Sinti und Roma.

In der kurzen Straße Am Dom muß man auf seine Schuhspitzen schauen, um keinen zu übersehen. Ins Pflaster sind hier Platten mit den Namen und den Daten der Ottonen, beginnend im Jahre 915 und bis 1024, eingefügt. Die 931 geborene Adelheid, liest man, wurde 947 Königin von Italien, 951 Königin des Westfränkischen und 962 Kaiserin des Heiligen Römischen Reiches Deutscher Nation. Das Portal am Evangelischen Konsistorium wurde später eingefügt. Es stammt aus der abgerissenen Taufkirche Friedrich Wilhelm von Steubens. (Das zweite Portal ist am Roncallihaus eingefügt, den Westtürmen von St. Sebastian unmittelbar gegenüber.)

Rechts durch den Park am Fürstenwall gelangt man am Denkmal des Lützower Jägers Karl Friedrich Friesen (1784 in Magdeburg geboren, am 15. März 1814 gefallen) vorbei zur imposanten Hegelstraße. Auf dieser läßt es sich wundervoll unter alleeartig gepflanzten schattenspendenden Bäumen, vorüber an zahlreichen aufwendig und farbenfroh sanierten Wohn- und Bürohäusern mit einigen verlockenden Cafés und Restaurants flanieren. Hier sind phantastische Spuren der pompösen Gründerjahre zu entdecken wie beispielsweise in der Nummer 3 mit kannelierten Pilastern, im Treppenhaus der Nummer 16 mit sieben Büsten historischer und zeitgenössischer Architekten vor neobarocker Wand- und Deckenmalerei sowie in der Nummer 30 mit ihrer prächtigen Tordurchfahrt. An der Kreuzung Einsteinstraße empfiehlt es sich, einen Umweg nach rechts zum Breiten Weg in Richtung Hasselbachplatz einzulegen. Rechter Hand fällt hier das Gebäude Nummer 232 mit seiner historistischen Fassade

Friedrich Wilhelm von Steuben am Südende der Hegelstraße

auf, deren mittlerer Teil durch drei lebensgroße Standbilder der Bauhandwerke den Blick förmlich an sich reißt. Und es folgt mit der 232a gleich der nächste Hingucker, der optisch den ganzen Hasselbachplatz dominiert und von den Magdeburgern liebevoll wegen seiner markanten Form zum „Plättbolzen“ (1886) getauft wurde.

Links schwenkt man nun durch die Liebigstraße zurück zur Hegelstraße, um rechts hinunter am Steuben-Denkmal vorbei zur neuen Sternbrücke zu gelangen. Hier setzt sich der ruhige Spaziergang über die Elbe fort, denn nur Fußgängern und Radfahrern ist das Benutzen gestattet. Am jenseitigen Elbufer kommt man direkt an der „Württemberg“ und der Stadthalle an. Mit etwas Glück wartet hier an der Haltestelle bereits ein Linienbus, der für einen bequemen Rückweg in die Innenstadt sorgt.

Brückfeld
Ernst-Grube-Stadion
Cracau
Rauhes Loch
Alte Elbe
Siedlung Wiesengrund
Stadtweg
Magdeburg
Taube Elbe
Cracauer Wasserfall
Sandkolk
Neuprester
Prester See
Personenfähre Buckau
Stadtweg
Zipkeleber See
Gübs
Elbe
Prester
Dreierkolk
Mühlenkolk
Buckau
Sporthafen
Zipkeleben
46
Salbker See II
Elbe-Radweg
Salbker See I
Windmühle
Klusbrücke
Fermersleben
Klusradweg
Kusdamm
Pechauer See
Pechau
Slawisches Dorf
Louisenthal
Alte Elbe
MD-Salbke
Große Wiese
NSG
Kreuzforst
Wolfsfelde
Pechauer Busch
Salbke
Sülze
MD-Südost
Gierfähre
47
LSG
Calenberge
Westerhusen
Elbe
Liebeseiche
Randau
Randau-Calenberge
47
Westerhüser Park
Greifenwerder
Niederes Holz
Alte Elbe
Randauer Baggerloch
Im Winkel
LSG
Elbe-Radweg
Randauer Wiesen
50
Yachthafen
Apfelwerder
Kreuzberg
111
Frohser Berg
116
Grünewalde
48
Frohse
Elbe
Elbe-Radweg
Schönebeck (Elbe)
Frohse
246a

184
Nedlitz
49
Menz
Bullengr.
54
59
61
Karith
Wahlitz
Köthekolk
Rottgraben
Wahlitz
51
46
Wahlitzer
Wald
Straße der Romanik
Park
Pöthen
Schwarzer Berg
60
Klusbrücke
Klusdamm
57
Streitberge
68
Klusberge
Mühlenberge
Polterberge
57
Rehberge
53
46
Vogelsang
Ehle
Wald-schlöss-chen
184
246a
57
Neue Mühle
51
Wohngebiet Schenkenteich
Wohngebiet Pfingstwiese
Gommern
Kräuter-garten
Gommern
Ehlekanal
Bullhorn
Wasserburg
Ehle
Landschafts-
Umluftkanal
Gesteins-garten
Fuchsberg
Heide-garten
246a
Wald-See
Heinrichstal
Heidelache
Alte Elbe
Elbenauer Nachtwalde
Heimat-stube
Kolumbus-see
Königsee
Wochenendhäuser
Blauer See
schutzgebiet
Elbe-Radweg
Alte Elbe
Mühlenwerder
Plötzky
Gisela-see
Felsen-see
Wochenendhäuser
Wasser
Eisenrönne
Stilles
Elbe-Radweg
Grüner See
Pretziener See
Pretzien
Mittel-busch
Elbenau
Ewald
Dorfkirche St. Thomas
Großer Weinberg
Alte Fähre
Pretziener Nachtweide
Pretziener Wehr
Yacht-hafen
Mittlere Elbe
Bader-holz
Dornburger Wiesen
48
Amtmanns-laake
Alte Elbe
(geplant)
Kellerforst
Kronenpfuhle
Herzholz
Elbe-Radweg
Grünewalde
246a
Elbe
Wolfskehle

Öffnungszeiten • Adressen • Tips

Magdeburg-Information

Tourist-Information Magdeburg
Ernst-Reuter-Allee 12
39104 Magdeburg
Tel. (03 91) 1 94 33, Fax 5 40 - 49 30
E-Mail: info@magdeburg-tourist.de
Internet: www.magdeburg-tourist.de
Öffnungszeiten:
Oktober bis April
Mo bis Fr 10 - 18.30 Uhr, Sa 10 - 15 Uhr
Mai bis September
Mo bis Fr 10 - 19 Uhr, Sa 10 - 16 Uhr
Angebot:
- Auskünfte zu Kultur- und Freizeiteinrichtungen sowie Veranstaltungen
- Zimmervermittlung
- Stadtrundgänge für Individual- und Gruppenreisende
- Informationen zu kompakten Reisepaketen in die Stadt Magdeburg
- Verkauf der Magdeburg Tourist Card mit zahlreichen Vergünstigungen für touristische Angebote
- Souvenirs und Geschenkartikel

Sehenswürdigkeiten/Museen

Die städtischen Museen in Magdeburg können Sie kostenfrei besuchen, ausgenommen sind lediglich Sonderausstellungen.

Kulturhistorisches Museum und Naturkunde-Museum
Otto-von-Guericke-Straße 68-73
Tel. (03 91) 5 40 - 35 01, Fax 5 40 - 35 10
E-Mail: museen@magdeburg.de
Öffnungszeiten: Di bis So 10 - 17 Uhr

Kunstmuseum
Kloster Unser Lieben Frauen
Regierungsstraße 4-6
Tel. (03 91) 56 50 20
www.kunstmuseum-magdeburg.de
Öffnungszeiten Kunstmuseum:
Di bis So 10 - 17 Uhr
Führungen:
Sa 14.30 Uhr zu Bauwerk und Geschichte
Öffnungszeiten Klosterschulbibliothek:
Di bis Do 10 - 16 Uhr
Tel. (03 91) 56 50 216

Otto-von-Guericke-Museum und Historische Schiffmühle
Lukasklause, Schleinufer 1
Tel. (03 91) 5 41 06 16, Fax 6 71 65 29
E-Mail: ovgg@uni-magdeburg.de
Öffnungszeiten:
Di bis So 10 - 17 Uhr
Anmeldungen von Führungen und Veranstaltungen unter Tel. (03 91) 6 71 69 87

Technikmuseum
Dodendorfer Straße 65
Tel. (03 91) 6 22-39 06, Fax 6 22-39 07
www.technikmuseum-magdeburg.de
Öffnungszeiten: Di bis So 10 - 17 Uhr

Elbauenpark
Tessenowstraße 5 a
Tel. (03 91) 59 57 - 4 00, Fax 59 57 - 1 90
www.elbauenpark.de
Öffnungszeiten Park:
Januar bis Februar 10 - 16 Uhr, März bis April 10 - 18 Uhr, Mai bis September 9 - 20 Uhr, Oktober 9 - 18 Uhr, November bis Dezember 10 - 16 Uhr
Öffnungszeiten Schmetterlingshaus:
Di bis So und gesetzliche Feiertage
14. April bis 31. Oktober 10 - 18 Uhr
1. November bis 13. April 10 - 16 Uhr
Öffnungszeiten Jahrtausendturm:
14. April bis 31. Oktober Di bis So und gesetzliche Feiertage 10 - 18 Uhr
(letzter Einlaß 17.30 Uhr)
Im Winter geschlossen.

Panoramabahn:
14. April bis 31. Oktober täglich 11 - 17 Uhr, im Winter geschlossen
Sommerrodelbahn:
14. April bis 31. Oktober täglich 10.30 - 16.30 Uhr, im Winter geschlossen

Gruson-Gewächshäuser
Schönebecker Straße 129 a
Tel. (03 91) 4 04 29 10
www.gesellschaftshaus-magdeburg.de
Öffnungszeiten: Di bis So 9 - 17 Uhr

Schiffsmuseum
Heinrich-Heine-Platz
Tel. (03 91) 5 41 12 83
Öffnungszeiten:
Di bis Fr 15 - 18 Uhr, Sa/So 12 - 16 Uhr

Gedenkstätte für die Opfer politischer Gewalt am Moritzplatz
Umfassungsstraße 76
Tel. (03 91) 2 44 55 90
Öffnungszeiten:
Mo bis Fr 9 - 16 Uhr, Do bis 18 Uhr
jeden 1. Sa im Monat 10 bis 12 Uhr

Zoologischer Garten Magdeburg
Am Vogelgesang 12
Tel. (03 91) 28 09 00, Fax 28 09 012
www.zoo-magdeburg.de
Öffnungszeiten: Sommer 9 - 19 Uhr, Winter 9 Uhr bis zum Einbruch der Dunkelheit

Sakralbauten

Dom St. Mauritius und St. Katharina
Am Dom 1, Tel. /Fax (03 91) 5 41 04 36
www.magdeburgerdom.de
Öffnungszeiten:
Mai bis September 10 - 18 Uhr, Oktober 10 - 17 Uhr, November bis März 10 - 16 Uhr, April 10 - 17 Uhr (So ab 11.30 Uhr)
Führungen:
täglich um 14 Uhr, zusätzlich So nach dem Gottesdienst um ca. 11.30 Uhr

Kathedralkirche St. Sebastian
Max-Josef-Metzger-Straße 1a
Tel. (03 91) 59 61-300, Fax 59 61-319
www.bistum-magdeburg.de
Öffnungszeiten:
Mo bis Sa 10 - 17.30, So 12 - 17.30 Uhr

Johanniskirche
Johannisbergstraße 1
Kulturzentrum, Tel. (03 91) 5 93 44 50
Öffnungszeiten:
November bis März täglich 10 - 17 Uhr
April bis Oktober täglich 10 - 18 Uhr
(bei Veranstaltungen keine Besichtigung)

Wallonerkirche
Neustädter Straße 6
Tel. (03 91) 5 43 46 13
Öffnungszeiten: Mo bis So 10 - 18 Uhr

St.-Petri-Kirche
Neustädter Straße 4
Tel. (03 91) 5 43 40 95, Fax 5 43 58 95
Öffnungszeiten:
April bis September täglich 9.30 - 18 Uhr
Oktober bis März täglich 9.30 - 17 Uhr

Nikolaikirche
Nikolaiplatz
Tel. (03 91) 2 53 62 54
Öffnungszeiten: keine
Führungen oder Besichtigungen nach telefonischer Anmeldung möglich

St.-Gertrauden-Kirche
Schönebecker Straße 117
Tel. (03 91) 4 04 28 77, Fax 4 04 28 78
Öffnungszeiten:
täglich 11 - 13 und 14 - 16 Uhr

Theater/Kultur

Puppentheater
Warschauer Straße 25
Tel. (03 91) 5 40 33 10, Fax 5 40 33 38
www.puppentheater-magdeburg.de

theater magdeburg
Opernhaus
Universitätsplatz 9
Tel. (03 91) 5 40 65 00
Schauspielhaus
Otto-von-Guericke-Straße 64
Tel. (03 91) 5 40 63 00
www.theater-magdeburg.de

Theater an der Angel
Zollstraße 19
Tel. (03 91) 5 55 65 55, Fax 8 11 81 13
www.theater-an-der-Angel.de

Kabarett Magdeburger Zwickmühle
Leiterstraße 2a
Tel. (03 91) 5 41 44 26, Fax 5 41 99 81
www.magdeburger-zwickmuehle.com

Die Kugelblitze
Am Krökentor 9, Tel. (03 91) 5 63 97 31
Spielstätte „Zum Waschfaß"
www.kugelblitze.de

Galerien/Ausstellungen

Galerie im Kloster
Ina Stephan, Regierungsstraße 4-6
Tel./Fax (03 91) 5 41 24 60
Öffnungszeiten:
Di bis Do und So 11 - 14 Uhr

Galerie Himmelreich
Himmelreichstraße 2
Tel. (03 91) 5 43 01 14

Galerie Süd
im Kulturzentrum „Feuerwache"
Halberstädter Straße 140
Tel. (03 91) 6 22 49 95
E-Mail: feuerwacheMD@web.de

Galerie Robert Patz
Domplatz 10
Tel. (03 91) 5 56 76 43
E-Mail: r.patz@web.de

ART-Depot
Große Diesdorfer Straße 200 A
Tel. (03 91) 7 32 68 83, Fax 4 01 10 14
www.kunstfestival.com

Freizeit/Unterhaltung

Erlebnisbad Nautica
Herrenkrugstraße 150
Tel. (03 91) 81 81 - 00, Fax 81 81 - 081
www.nautica-wasserwelt.de

CinemaxX Magdeburg
Kantstraße 4, Tel. (0 30) 44 31 63 18
www.cinemaxx.com

Village Cinemas
Am Pfahlberg 3, Tel. (03 91) 2 55 25 22
www.cinestar.de

Studiokino
Moritzplatz 1, Tel. (03 91) 2 56 49 25
www.studiokino.com

Spielbank Magdeburg
Ulrichsplatz 1
Tel. (03 91) 53 34 50, Fax 5 33 45 22
www.spielbank-magdeburg.de

Jugendherberge/Camping

Jugendherberge Magdeburg
Leiterstraße 10
Tel. (03 91) 5 32 10 10, Fax 5 32 10 20

Campingplatz Barleber See
39126 Magdeburg
Tel. (03 91) 50 32 44, Fax 2 44 96 92
Öffnungszeiten:
1. Mai bis 30. September

Rechts: Westportal am Dom mit Standbild Kaiser Ottos I.

Titelbild: Der Dom St. Mauritius und St. Katharina vom Rotehorn-Park aus
Foto Seite 2: Im südlichen Bereich des Breiten Wegs

Bibliografische Information Der Deutschen Bibliothek
Die Deutsche Bibliothek verzeichnet diese Publikation in der Deutschen Nationalbibliografie; detaillierte bibliografische Daten sind im Internet über http://dnb.ddb.de abrufbar.

Es fotografierte Thorsten Schmidt
Foto S. 56: Staatskanzlei des Landes Sachsen-Anhalt

Lektorat: Marion Schmidt

Die Winde 45; 38855 Wernigerode; Tel.: (0 39 43) 2 32 46, Fax: (0 39 43) 4 50 10
E-mail: info@schmidt-buch-verlag.de
1. Auflage 2006, 1. - 5. Tsd.
Layout und Bildbearbeitung: Schmidt-Buch-Verlag, Wernigerode
Druck und Weiterverarbeitung: Grafisches Centrum Cuno, Calbe

Internet: www.schmidt-buch-verlag.de

ISBN 3-936185-37-9

Straßenverzeichnis

Ackerstraße A 5
Adelheidring A 2/3
Albert-Vater-Straße A 1
Alter Markt C 2
Am Alten Theater B 2
Am Brellin E 4
Am Buckauer Tor B 4
Am Buttersteig E 4
Am Cracauer E 3
Am Dom C 3
Am Krökentor C 1
Am Sudenburger Tor B 4
Am Winterhafen D 3/4
Anhaltstraße B 3
Arndtstraße A 3
Askanischer Platz D 1
Badestraße D 3
Bärstraße C 3
Bahnhofstraße B 3/4
Bakestraße A 2/3
Behringstraße B 3
Bennigsenstraße E 4
Berliner Chaussee E/F 3
Berta-von-Suttner-Straße B 1
Bethanienstraße E/F 4
Blauebeilstraße C/D 1
Bötticherstraße A 4/5
Brandenburger Straße B 2
Brandströmweg E 3
Brandtstraße F 4
Breiter Weg B/C 2-4
Bruckstraße E 3
Bruno-Wille-Straße B 1
Buckauer Straße A 5
Büchnerstraße E 4
Bürgelstraße C 4
Burchardstraße E 5
Carl-Miller-Straße A/B 4/5
Cracauer Straße E 3/4
Damaschkeplatz A 2
Danzstraße B 3
Domplatz C 3
Ebendorfer Straße A 1
Editharing A/B 1/2
Einsteinstraße B 4
Elbuferpromenade D 2
Ernst-Reuter-Allee B-D 2/3
Erzbergerstraße C 1
Faßlochsberg D 2
Franckestraße B 3
Freiherr-von-Stein-Straße A 1
Freiligrathstraße A 2
Friedrich-Ebert-Straße E/F 3/4
Friedrich-Naumann-Straße A 1
Fürstenwallstraße C 3
Gagernstraße B 1
Gartenstraße E 2
Geißlerstraße B 4
Gellertstraße A 1
Genthiner Straße E/F 4
Gerhart-Hauptmann-Str. A 2/3
Goethestraße A 2
Große Diesdorfer Straße A 2
Große Klosterstraße C 3
Große Münzstraße C 2
Großer Werder E 1
Große Steinernetischstraße C 1
Halberstädter Straße A 4/5
Hallesche Straße B 4
Hammersteinweg C 4
Hasselbachplatz B 4
Hasselbachstraße B 3
Heckelstraße B 3/4
Hegelstraße B 4
Heinrich-Heine-Platz C 4/5
Heinrich-Heine-Weg C/D 5
Hellestraße A 5
Herderstraße A/B 1
Herrenkrugstraße F 1/2
Herweghstaße E 3/4
Heydeckstraße B 3
Himmelreichstraße C 3
Hinter den Holzstrecken E 2
Hohepfortewall D 1
Humboldtstraße B 5
Huttenstraße A 1
Im Bruckfeld E/F 3
Jakobstraße C/D 2
Jean-Burger-Straße B 5
Jerichower Platz E/F 2
Jerichower Straße F 2
Johannes-Münze-Straße E 4
Johannisbergstraße C 2
Julius-Bremer-Straße C 2
Kantstraße B 2
Karl-Schurz-Straße E 4
Keplerstraße B 4
Kleiner Stadtmarsch C 3/4
Kleiner Werder D 3
Kleine Schulstraße D 1
Kleine Straße A 3
Kleiststraße A 3
Klewitzstraße A 5
Klopstockstraße A 1
Kölner Platz B 2
Lassallestraße E 3/4
Leibnizstraße B 4
Leipziger Straße A 4/5
Leiterstraße B/C 3
Lennéstraße A/B 5
Liebigstraße B 4
Liebknechtstraße A 3/4
Liliencronstraße A/B 1
Lingnerstraße D/E 2
Listemannstraße C/D 1
Luxemburgerstraße E/F 3/4
Magdeburger Ring A/B 1-5
Markgrafenstraße E 1/2
Martin-Andersen-Nexö-Str. A 1
Maxim-Gorki-Straße A 2
Max-Josef-Metzger-Straße B 3
Max-Otten-Straße C 2
Maybachstraße A/B 3/4
Mehringstraße E 3
Mittelstraße D 2
Motzstraße B 1
Mühlenstraße D 1
Nashvillepromenade D 1/2
Neustädter Straße D 2
Niemeyerweg C 5
Ohlichstraße A 1
Olvenstedter Straße A 2
Oststraße E 2
Otto-von-Guericke-Straße B 2-4
Peterstraße C 2
Platz des 17. Juni A 4
Potsdamer Straße E 4
Puschkinstraße A 2
Ratswaageplatz C 2
Regierungsstraße C 3
Reimarusweg D 5
Rödelstraße A 1
Röntgenstraße A 1
Rötgerstraße D 1
Roseggerstraße A/B 1/2
Sachsenring A 3/4
Schillerstraße A 1/2
Schenkendorfstraße A 3
Schlachthofstraße A 4
Schlachthofweg A 4
Schleinufer B-D 2-4
Seilerweg D-E 4/5
Seumestraße B 5
Simonstraße E 4
Stadtparkstraße C 4
Sternbrücke C 5
Sternstraße B 4/5
Steubenallee B 5
Stolzestraße A 2
Struvestraße E 4
Sudenburger Wuhne A 4
Tessenowstraße F 2
Toepfferspark A 3
Transberg D 1
Triftweg E 4
Turmschanzenstraße E 2/3
Ulrichplatz C 2
Victor-von-Unruh-Straße B 1
Viehbörse A 4
Virchowstraße B 2
Walther-Rathenau-Straße C/D 1
Weitlingstraße C 1/2
Westernplan A 1
Wilhelm-Külz-Straße A 3
Wilhelm-Raabe-Straße A 2
Willy-Brandt-Platz B 2
Zitadelle D 3
Zetkinstraße E 4
Zollstraße D 2
Zuckerbusch E 3